伟人成功故事

世界
大文学家
成功故事

张 哲◎编著

中国出版集团 现代出版社

图书在版编目（CIP）数据

世界大文学家成功故事 / 张哲编著. —北京：现代出版社，2012.12

（伟人成功故事）

ISBN 978-7-5143-0890-7

Ⅰ. ①世… Ⅱ. ①张… Ⅲ. ①作家—生平事迹—世界—通俗读物 Ⅳ. ①K815.6-49

中国版本图书馆 CIP 数据核字（2012）第 274832 号

作　者	张　哲
责任编辑	袁　涛
出版发行	现代出版社
地　址	北京市安定门外安华里 504 号
邮政编码	100011
电　话	(010) 64267325
传　真	(010) 64245264
电子邮箱	xiandai@cnpitc.com.cn
网　址	www.modernpress.com.cn
印　刷	汇昌印刷（天津）有限公司
开　本	700×1000　1/16
印　张	10
版　次	2013 年 1 月第 1 版　2021 年 3 月第 3 次印刷
书　号	ISBN 978-7-5143-0890-7
定　价	29.80 元

前言

FOREWORD

　　无论任何时候，浩瀚的文学世界都会给人类带来难以想象的伟大瞬间。文学既是人们日常生活的反映，也是人类和自然界关系的再现；文学既可以揭示生活的本质，又可以体现人们的喜怒哀乐。假如没有文学，人类的生活将会枯燥无味。毫无疑问，文学家是伟大的，他们带给人类的财富是难以估量的。

　　在这本书中，我们精选了 8 位伟大的文学家，如杰出的诗人和剧作家莎士比亚，一生经历坎坷不平，却创作出了影响全世界的戏剧艺术；经历了悲惨的童年，一生都在债权人的追逐下生活，却描绘出 19 世纪法国社会的全貌，成为法国最伟大的批判现实主义作家的巴尔扎克；一生受尽艰难困苦，却不屈不挠，奋斗不止，终于成为最受全世界儿童喜爱的童话作家的安徒生……本书在尊重历史真实性的基础上，向读者立体地凸现文学家的生平和杰出的事迹，达到了史实叙述准确，融知识性与可读性于一体，揭示人物的精神世界和心灵升华，给读者以深刻的启迪和感悟。

　　本书除了公正地评价文学家的人格和贡献外，还配有大量珍贵的历史图片，希望能使读者更清晰地看到世界发展的轨迹，感受到每一个伟大时代的精神，牢记历史带给我们的经验和教训。让我们在对这些伟大文学家的凭吊中，期盼着更为光辉的伟大作品的出现。

目录

CONTENTS

莎士比亚

　　每年的 4 月 23 日，世界各地都会举行盛大的庆祝活动来纪念一位伟大的人物，这位伟大的人物就是文艺复兴时期最伟大的诗人、剧作家——莎士比亚。莎士比亚为我们留下了脍炙人口的多部经典作品，其剧作已经成为西方戏剧史上难以企及的高峰。

　　几百年来，世界各国从未停止过排演他的戏剧。那浪漫的、诗一般的语言常常被人们大声诵读，甚至成为许多成语和典故的来源。人们从莎士比亚的作品中，真正感受到了戏剧的魅力。我国著名戏剧家曹禺曾盛赞他为"一位使人类永久又惊又喜的巨人"。

天才降生

埃文河不知静静地流淌了多少个世纪,它孕育出一个优美脱俗的河边小镇——斯特拉特福德。

这座古老的英国小镇因为地处一条交通便利的商道上,所以商贾云集,手工业和商业均十分兴旺。大约在1550年前后,一个名叫约翰·莎士比亚的年轻人从附近的斯尼特菲尔迁到了这里,在此经销手套,兼营羊毛和屠宰生意,事业发展得颇为顺利。

↑埃文河畔的斯特拉特福德镇

1557年,约翰与一位乡绅的女儿玛丽·阿登举行了婚礼。从此,约翰的人生轨迹出现了转机:1557年任镇代表,1568年出任斯特拉特福德镇镇长。

1564年4月23日,约翰的第一个儿子威廉·莎士比亚出生。这一年,小镇斯特拉特福德受到了可怕的瘟疫袭击,每星期都有大批的人痛苦地死去。但是,这个娇弱的男婴却坚强地活了下来,他就是一代文学大师——莎士比亚。

当时,英国正处在伊丽莎白一世的统治下,这是一个强大的、青春年少的伟大时代。

↑莎士比亚出生和长大的地方

🔺伊丽莎白女王
一世

1571年，7岁的威廉·莎士比亚进入了镇上一所为当地乡绅的孩子们修建的文法学校接受教育。这所学校在英国具有很高的知名度，任课老师多数都是牛津大学的毕业生，并且，学校有着严格的规章制度。莎士比亚在这所学校里开始了拉丁文（拉丁语是当时欧洲通用的语言，当时比英语更为重要）和古典文学的学习。

在这段时间里，莎士比亚翻阅了大量的拉丁文著作。那些灿烂的古希腊、罗马文学对莎士比亚日后跻身文坛有着难以磨灭的影响。

莎士比亚生活在一个扩张、侵略和冒险的年代。英国的统治者伊丽莎白女王不但在使社会安定、国力增强等方面颇有建树，而且还非常喜爱戏剧。

1575年夏季，伊丽莎白女王来到了离斯特拉特福德不远的肯尼沃斯城堡度假，城堡的主人莱斯特伯爵举行了盛大的欢迎仪式，招待女王及她的随从们。豪华辉煌的庆典持续了近半个月，无论白天还是夜晚，王族显贵们都沉浸在高尚的消遣、古希腊罗马神话节目或是五彩缤纷的焰火表演中。附近的乡民们也纷纷赶来观看演出。女王的这次巡游，在年仅11岁的莎士比亚心中留下了极为深刻的印象。也许就是从那时起，莎士比亚便将一颗幼稚的心，完全献给了充满着无穷魅力的戏剧艺术。

1577年，13岁的莎士比亚的学习生涯结束了。因为他的父亲不仅失去了镇长的头衔，而且在生意上屡遭挫败，面临破产的危机，甚至抵押了莎士比亚母亲玛丽在威姆柯特的地产。

从16岁时，莎士比亚当过肉店学徒，又在乡村学校教书,后来又帮着父亲打理生意……生活的艰辛,磨炼了他的意志,加深了他对知识的渴望。他用敏锐的目光捕捉着自然界的各种细微的变化,土地、花卉、树木、动物……这些属于大自然的事物,在莎士比亚日后的创作中都被赋予了新的生命力。

踏入伦敦

1582年,18岁的莎士比亚与斯特拉特福德镇上一位富农的女儿安·哈瑟维结了婚。婚后,他们有了3个孩子,但并不幸福。

莎士比亚无法继续忍受庸碌无为的生活,1585年2月,莎士比亚离开了小镇,到外面的世界中去找寻更为广阔的天地。

从此,斯特拉特福德失去了一位梳羊毛的人,但世界却增添了一位不朽的文学家。

从1585年逃离小镇直至1587年之前的这段岁月,莎士比亚在哪里?干了什么?几乎没有人知道。有人说他是在一所天主教修道院中度过的,因为当时信奉天主教会以死罪遭到惩罚,所以他认为闭口不谈是上策;也有人说他在沃里克郡当过老师,甚至跟随日渐壮大的外省剧团四处演出……无奈之下,人们只好将这段岁月称为莎士比亚的"迷失的岁月"。追寻莎士比亚足迹的线索只能从1587年他来到伦敦后开始。

➡ 安·哈瑟维的茅舍

16世纪末,伦敦正上演着英国历史上最紧张刺激的一幕。伊丽莎白一世的表妹,苏格兰女王玛丽·斯图亚特因国内叛乱被迫逃往英格兰,却被伊丽莎白一世监禁了起来。在西班牙的帮助下,玛丽图谋暗杀表姐,结果阴谋败露。1587年2月,玛丽被伊丽莎白判刑处死。翌年,英国又打败了西班牙无

↑ 玛丽一世

敌舰队，彻底挫败了天主教陷害伊丽莎白的阴谋。同时，这一胜利也使英国成为了海上霸主，为其后来的贸易繁荣、海外扩张、抢夺殖民地奠定了基础。

莎士比亚到伦敦之时，这座有着 20 万居民的都市正在为改善拥挤的居住环境及落后的卫生状况而大肆扩张。流经市区的泰晤士河也因为比利时安特卫普港的逐渐衰败而成为了欧洲的主要交通动脉。拥挤的船只，躁动的民众，高低错落的建筑……这便构成伦敦，热闹而充满活力的画面。她赋予每一个踏入此地的人以生活的激情。

初到伦敦的莎士比亚曾在伦敦的剧院看守马匹，当过提词人的助手，负责招呼演员上场等工作，也许正是这种在社会最底层的生活经历，才铸就了莎士比亚日后的辉煌。他从当年的生活磨砺中汲取了创作的激情，并将其浓缩成了最精彩的文字，使自己成为了英语史上最出色的剧作家。

在莎士比亚还未向世人展示他那闪光的文学才华时，英国的文坛也并非一片荒漠。在伦敦的戏剧舞台上，活跃着一群"大学才子派"，他们是一些受过大学教育与人文主义思想熏陶，具有较高的古典文化修养的剧作家。他们在继承传统的基础上将英国戏剧提高到了伟大艺术的高度。

↑ 克里斯托弗·马洛思想激进，曾创作出多部宣扬无神论和共和政体的剧本，为此多次受到教会的打击。1593 年，教会和政府合谋将马洛暗害。

"大学才子派"中成就最大、最具才华是叫克里斯托弗·马洛的人。在《浮士德博士的悲剧》中，马洛成功地塑造了知识巨人浮士德博士的形象，肯定了知识可以征服自然、实现社会理想的伟大力量。

"大学才子派"的出现，不仅为荒芜的英国文坛注入了一股清新的气息，也为伊

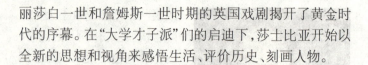

丽莎白一世和詹姆斯一世时期的英国戏剧揭开了黄金时代的序幕。在"大学才子派"们的启迪下,莎士比亚开始以全新的思想和视角来感悟生活、评价历史、刻画人物。

才华初现

约1590年,莎士比亚加入了"斯特雷恩吉勋爵剧团",正式开始了舞台和创作生涯。

🔺威康·贺加斯描绘的《理查三世》第五幕第三场,理查梦见了所有被他杀害的人的幽灵。

在莎士比亚戏剧创作的最初10年中,他的笔触将英国14—15世纪百余年的动乱历史生动地展现在人们眼前。无论是《亨利六世》《理查三世》或是《理查二世》等,都是围绕着英法战争和共同的封建内战而展开的。

理查三世是英国历史上出了名的暴君。1483年,英王爱德华四世去世,幼子爱德华五世继位。同年6月,爱德华五世的叔父理查宣布由他自己来继承王位,这便是理查三世。在理查三世为夺取王位所采取的种种阴谋诡计中,最著名的可能是两个年轻王子爱德华和理查德的故事。他们被这位凶狠毒辣的叔叔囚禁在伦敦塔内,并且被窒息致死。而莎士比亚则怀着无比愤怒的心情,在自己的作品中毫不留情地揭露了这个外表高尚,内心险恶的贵族。他以犀利的文笔谴责了暴君的凶狠残暴和昏庸无道,为人们淋漓尽致地展现出封建制度的腐朽和黑暗。

不久,莎士比亚便从一大群默默无闻的作家中脱颖而出。写作的成功,使莎士比亚很快赢得了伊丽莎白时代最高贵的望族南安普顿伯爵的眷顾,伯爵成了他的保护人。从1591年开始,莎士比亚常常出现在伯爵家华贵典雅的大厅中。然而,他的非凡才华却招致了一些文人、剧作家的嫉妒和嘲讽。

1592年,"大学才子派"的成员之一罗伯特·格林在临终前出版了一本小册子,名为《万千悔恨换来了一丁点儿聪明》。在文章的末尾，格林将莎士比亚喻为"暴发户"，他这样写道："要提防那些改编他人剧本的演员，尤其是某一只乌鸦，借我们的羽毛来装点自己，在戏子的外皮下包藏着一颗虎狼的心……"

这只"借我们的羽毛装点自己的乌鸦"影射的正是莎士比亚。莎士比亚之所以在格林眼中成为了一个入侵者，是因为他没有受过高等教育，不属于英国的贵族圈。然而格林的这种做法也使人们看到了莎士比亚的光芒正在逐渐威慑着这群受过高等教育的文人们。历史证明，没有任何社会背景、与底层人民打成一片的莎士比亚，对人性的理解的深刻性要远远超出同时代的人文主义作家。正是他最终引领着文艺复兴时期的英国文学艺术达到了一个后人难以企及的巅峰。

1592年，一场大范围的鼠疫爆发了。这场人人畏惧的鼠疫持续了大约两年之久，夺走了许多人的性命。市政当局命令关闭所有的公共剧场。剧团解散了，演员们四处逃散。莎士比亚则搬入了南安普顿伯爵的宅邸。

↑罗伯特·格林对"暴发户"莎士比亚的攻击文章

这段时间，英国文坛对于诗歌的创作盛行一时，斯宾塞的长诗《仙后》、锡德尼的组诗《阿斯特罗菲尔和斯黛拉》相继问世。受这股风气的影响，莎士比亚也开始涉猎这种新的语言艺术。1593年，他根据古罗马诗人奥维德在《变形记》中所写的一段关于爱神与美少年的故事，创作了一

↑斯宾塞，英国诗人。他翻译和创作了许多歌颂爱情和女王的诗歌，主要作品是长诗《仙后》。

首叙事长诗《维纳斯与阿都尼》，此诗是莎士比亚首部出版的作品，他将这些缠绵悱恻的诗句献给了自己的保护人，并允诺，不久会献上另一个"更为慎重的苦心之作"。

果然，第二年，他便创作出另一首赞美女性的长诗《克鲁丽丝受辱记》。在诗歌领域中，令莎士比亚名声大噪的是他日后创作的十四行诗。莎士比亚创

作十四行诗共 154 首，大约在 6 年间陆续完成。这些诗比起莎士比亚的其他作品，似乎更具有自传性质。

15 年后，当这部诗集出版时，出版商在扉页上题写了"献给 W·H 先生"的字样。出版商的这一举动令人纷纷猜测，"W·H 先生"究竟是谁呢？有人认为他就是莎士比亚的保护人南安普顿伯爵，如果将这位庇护者的名字缩写颠倒过来后，正是 W·H。也有人推测 W·H 可能是一位更年轻的同辈。而对于后人来说，这些作品到底与谁有关，恐怕将永远是一个谜。

作品涌现

假如仅仅作为一名诗人，莎士比亚也一定会在世界文学史上青名永留。然而，他却没有沉醉在已经获得的成就中，1594 年，这位来自民间的天才诗人又回到了戏剧舞台，加入了"内部大臣剧团"。也许，那里才是给予莎士比亚丰富养分的土壤。在那里，莎士比亚更多、更广泛地接触到五光十色的底层社会，以及急剧变化的现实生活，为日后的创作奠定了坚实的基础。

其后的几年中，创作的灵感一股脑儿地从莎士比亚的脑海中奔涌而出。有如神助，他以惊人的速度写出了两部历史剧、五部喜剧和一部悲剧。

《驯悍记》提倡婚姻自由，《维洛那二绅士》描写爱情的忠贞，《爱的徒劳》《无事生非》着重反对禁欲主义，《仲夏夜之梦》则把爱情故事的背景定为清新而又浪漫的大自然。

显然，莎士比亚旨在以大自然的纯朴同宫廷的尔虞我诈作对比。在这些作品中，莎士比亚以幽默、欢快的笔触和如诗如画的抒情，塑造出一批勇气过人、执著、风趣、机智而又温柔的女性形象。她们追求自由恋爱的权利，敢于同各种邪恶势力

莎士比亚的喜剧作品《驯悍记》带有浓厚的闹剧色彩。故事以富翁巴普提斯塔的两个性格截然不同的女儿的婚姻为线索展开。整部作品诙谐、幽默，具有浓烈的生活气息。

↑ 仲夏夜之梦

斗争,这些形象在戏剧舞台上放射出耀眼的光芒。然而,1596年创作的《威尼斯商人》则超出了单一的爱情范畴。它除了具有莎士比亚作品所共有的抒情浪漫风格外,还具有讽刺性;除了表现爱情主题外,还掺杂了悲剧中欺诈报复的主题。

《威尼斯商人》写的是威尼斯富商安东尼奥为了成全好友巴萨尼奥的婚事,向犹太人高利贷者夏洛克借债。由于安东尼奥借款给人从不要利息,并帮夏洛克的女儿私奔,怀恨在心的夏洛克乘机报复,佯装也不要利息,但若逾期不还便从安东尼奥身上割下一磅肉。不久,传来安东尼奥的商船失事的消息,资金周转不灵,贷款无力偿还。夏洛克去法庭控告,根据法律条文要安东尼奥履行诺言。为救安东尼奥,巴萨尼奥的未婚妻鲍西娅假扮律师出庭,她答允夏洛克的要求,但要求所割的一磅肉必须正好是一磅肉,不能多也不能少,更不准流血。夏洛克因无法执行而败诉,害人不成反而失去了财产。

↑《威尼斯商人》中的犹太人高利贷者夏洛克

虽然夏洛克是那么地贪得无厌,恨不得占有世上所有的金银财富,但是莎士比亚却从客观的、公正的视角出发,在第三幕中,他用了一大段慷慨激昂的对白,向那些歧视犹太人的人发出了有力的质问。从那一连串感情强烈的反问句中,莎士比亚表现出了一个真正具有人文主义精神的人才可能有的高尚人格。

就在这一时期,莎士比亚还创作了著名的悲剧《罗密欧与朱丽叶》,在当时,引起了巨大的反响。这一时期,莎士比亚的写作基调是乐观、明朗的，充满着以人文主义理想解决社会矛盾的信心，以致在悲剧《罗密欧与朱丽叶》中，也洋溢着喜剧气氛。尽管主人公殉情而死，但爱的理想战胜死亡，换来了封建世仇的和解。

《罗密欧与朱丽叶》中超越时空的绝对诗意及其道白迄今仍然沁人心脾，令人过目成诵。其中，一段精彩的对白：

"罗密欧：晚上没有你的光，我只有一千次的心伤！恋爱的人去赴他情人的约会，像一个放学归来的儿童；可是当他和情人分别的时候，却像上学去一般满脸懊丧。

朱丽叶：……来吧，黑夜！来吧，罗密欧！来吧，你黑夜中的白昼！因为你将要睡在黑夜的翼上，比乌鸦背上的新雪还要皎白。来吧，柔和的黑夜！来吧，可爱的黑颜的夜，把我的罗密欧给我！等他死了以后，你再把他带去，分散成无数颗星星，把天空装饰得如此美丽，使全世界都恋爱着黑夜，不再崇拜眩目的太阳。"

这些如诗如画般的文字、这些炽热深情的语言，不知打动过世上多少少男少女的心。而莎士比亚那天才般的绝妙比喻，更是将这对恋人的爱情故事演绎得圣洁而又凄美。它告诉世人，爱情是人世间最神圣的东西，谁也不能妄自亵渎它的圣洁。爱情是生命的一部分，它使人生充满戏剧色彩，激励相爱的人们不惜一切去追寻。

今天，罗密欧与朱丽叶早已成为世界文学作品中最出名、最受读者宠爱的一对情侣和所有追求真爱的恋人们心中一颗散发着绚丽光芒的明珠。

写作给莎士比亚带来了财富和力量，使他的生活发生了巨大的变化。几年之后，他和"内部大臣剧团"的其他5位演员又在他们的共同财产内添进了一座可容纳1 400人观看演出的剧院，取名为环球剧院。环球剧院有3个表演区和两个回廊，以及备不时之需的庭院，齐全的设备可以

┺《罗密欧与朱丽叶》中的罗密欧和朱丽叶

世界大文学家成功故事

使莎翁剧本的演出一气呵成。剧院顶上装饰着一个地球，屋顶上的拉丁文意思为"世界即舞台"。从此，这里便成为了"莎士比亚等人的常驻剧院"。此时的莎士比亚身兼数职，他成功地"扮演"着演员、剧作家和剧团股东这几个身份各不相同的角色。

丧子之痛

1596年夏季，在斯特拉特福德镇，莎士比亚的家被悲伤笼罩着，莎士比亚唯一的儿子11岁的哈姆雷特不幸夭折了。儿子的死预示着莎士比亚一家从此再无男丁，这无疑是对事业正如日中天的莎士比亚一个沉重的打击。在离开家乡11年之后，他第一次回到了斯特拉特福德。

除了儿子的死去，家乡的一切似乎依然如旧：父母还健在，和弟妹们住在一起；妻子安已中年，她尽心尽责地操劳着家中的一切；女儿苏珊娜与茱蒂丝已长成了婷婷玉立的少女。这时的莎士比亚希望为年迈的父亲了却一个心愿，即光耀门楣，替家族申请乡绅头衔和使用家徽的权利。多年前，出任镇长的父亲曾提出过同样的申请，但却没有结果。

The Armorial Bearings of WILLIAM SHAKESPEARE of Stratford-upon-Avon.

College of Arms. London.

Chester Herald and Registrar

🔹祖徽

1596年10月20日，鉴于莎士比亚在戏剧领域的杰出成就，英国文院授予莎士比亚世袭乡绅头衔；家徽图案是金色盾形斜贯黑带，黑带上有银矛一枝，盾上方有鹰，鹰的一爪握矛直立；家族格言为"不无权利"。

也许，因为长年漂泊在外，莎士比亚对父母与妻儿有一些内疚，所以他并没有急于离开家乡。1597年，莎士比亚像他的父亲当年一样开始购置地产。他从一个名叫威廉·厄德西尔的"狡猾家伙"手中以60镑的价格买下了斯特拉特福德小镇上的一所住宅、两个谷仓、两座花园和两个果园。这所名曰"新地"的住宅被厄德西尔称为是由"砖头和木材建成的漂亮房子"，而且面对着教会礼拜堂和莎士比亚少

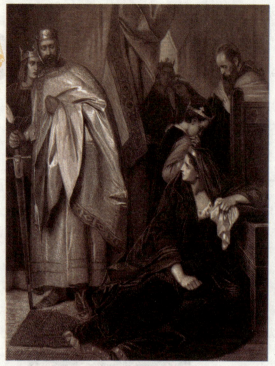

▲《约翰王》

年时就读的学校。然而，这栋房屋的真实情况却是年久失修，亟需重整。

此后数年中，莎士比亚又在家乡陆续投资和购置地产。1602年他买下了50公顷土地；1605年，他又以440英镑的价格收购了斯特拉特福德镇的部分包税权……

看来，莎士比亚似乎可以将他的超人智慧应用于各个方面。当年一文不名的他再回到家乡时，已经成为了一位拥有高贵身份的伦敦人，享受着由才华所带来荣耀的戏剧家，以及成功而又令人尊敬的商人。

莎士比亚在各方面都已取得了较高的声誉和地位，但是，他仍不能摆脱那可怕的丧子之痛。1596年，他将对亡儿的无限深情注入到了正在创作的历史剧《约翰王》中。

在中世纪的英国，国王理查去世后，他的弟弟约翰为夺取王位而不择手段，杀害了自己的亲侄子。当写到天真、可爱的王子亚瑟被杀害，王后哀泣时，莎士比亚这样写道：

悲哀充塞我的不在了的孩子的房间，
躺在他的床上，
陪着我来回走动，
显露出他美丽的面貌，学着他的话，
使我回想起他一切可爱的地方。
现在悲哀的蛀虫将要侵蚀我的娇蕊，
逐去他脸上天然的美丽，
他将要形销骨立，像一个幽魂或是一个患疾病的人，
他将要这样死去。
……………
主啊！我的孩子，亚瑟，我漂亮的儿子！
我的生命、喜悦、食物，我的整个世界！

1597 年,《约翰王》在伦敦上演了。观众们被莎士比亚创造出的人物与情节深深吸引,当听到王后的痛哭时,人们无不潸然泪下。但他们哪里又曾想到,王后悲哀的哭泣实际上正是来自剧作家内心无尽的伤痛。在以后的岁月里,作为父亲的莎士比亚曾无数次在心底深情地呼唤着"哈姆雷特"这个名字。1601 年,在他创作的著名悲剧作品中,"哈姆雷特"的名字赫然出现在人们眼前,从此,亡儿的名字随着不朽的作品而永留人间。

不朽的《哈姆雷特》

1600 年,新世纪的第一页。这时的英国社会由于伊丽莎白女王的统治越来越黑暗,使得阶级矛盾日益尖锐。特别是为了输出羊毛和发展毛纺织业,执政者发起了"羊吃人"的圈地运动,使无数农民流离失所。乡村中大片土地荒芜,乞丐遍野,整个社会动荡不安。36 岁的莎士比亚日

《哈姆雷特》中的奥菲莉亚因其父波洛尼厄斯被哈姆雷特杀死而发疯自杀。1851 年,画家米莱描绘了这个悲剧场面。

益感到自己的人文主义思想与现实之间的距离越来越远，于是他的作品渐渐失去了以往明朗乐观、和谐与欢乐的色彩，而转向对日趋深刻的悲剧题材的挖掘。

早在 12 世纪，欧洲就流传着丹麦王子为父报仇的故事，英法两国的剧作家都曾根据其情节写过以中世纪的血亲复仇为中心的剧本。1601 年，莎士比亚将其改编成了一部深刻反映时代面貌、具有激烈矛盾冲突的杰出悲剧——《哈姆雷特》，使这个古老的故事具有了更深层的社会意义。悲剧主人公哈姆雷特是丹麦的王子，他在威登堡大学读书时，接受了人文主义思想的熏陶。那时，他把世界看成是光彩夺目的美好天地，他认为"负载万物的大地"，是"一座美好的框架"，"覆盖众生的苍穹"，是"一顶壮丽的帐幕"，是"金黄色的火球点缀着的庄严的屋宇"。他曾经对人发出过极为精彩的议论：

"人是一件多么了不起的杰作！多么高贵的理性！多么伟大的力量！多么优美的仪表！多么文雅的举动！在行为上多么像一个天使！在智慧上多么像一个天神！宇宙的精华！万物的灵长！"

然而，这样美好的世界在《哈姆雷特》中几乎是不存在的，从一开始，世界便已"颠倒混乱"，人们噩梦不断，惶惶不可终日，面对父死母嫁、王位被篡夺的残酷现实，哈姆雷特像一夜间遭到严霜袭击的花朵，枯萎凋零，精神颓废，痛苦与忧虑使他从"快乐的王子"突然间成为了一个"忧郁的王子"。

"生存或是毁灭，这真是个难题。活着，承受狂恶的命运投来的石子与利箭；或是拿起武器，对抗汹涌如海的苦难，奋斗至死，哪一种方式更高贵？死了，就是沉沉睡去，一切尽归空无。若说求此一睡，便能解除肉体所必须承担的所有痛苦与锤炼，那真是最完美的结局了。

死了，睡着；睡着，可能还会做梦，这才难了。是我们自己草草摆脱了这不朽的身躯，那么，在死亡之眠里能做什么梦，一定会让人为之斟酌的。

哈姆雷特的叔叔克劳迪亚斯杀死了他的父皇

哈姆雷特的挚友荷瑞修

患难之所以如此长寿，恐怕正缘于此虑了；你说，谁愿意忍受时间的鞭策与嘲讽？任压制者欺侮？任骄傲的人趾高气扬？谁愿承受爱情被蔑视时的痛楚？当法律不能及时执行，官吏蛮横，而卑微的人辛勤苦劳仅换来不屑——只要一枚长针便能结束一生，谁愿意活着？

要不是因为害怕那死后未知的事物，害怕那无人曾发现、却没有任何旅人去后能重返的国度，谁愿意背起这样的负担，在无趣的生命旅程中，呻吟流汗？是这样的，恐怕令我们的意志也困惑了，宁可承受之折磨，而不肯飞向我们所不知的痛苦。"

无可否认，在莎士比亚之前的欧洲文学史上，还不曾有任何一位作家可以将内心世界塑造得如此丰富复杂。而莎士比亚之所以能将人物内心的思想和欲望展现得如此淋漓尽致，这得益于他那无与伦比的语言天赋，以及那些痛苦绝望，充满自责，激情昂扬的内心独白。这些独白为人们生动地勾勒出一位身处于"颠倒混乱的时代"，却担负着"重整乾坤

↑哈姆雷特和父亲的鬼魂

的重任"的王子形象，并让人们透过哈姆雷特的悲惨境地，目睹了封建社会中存在的黑暗现实。如今，哈姆雷特已成为世界文学史上一个极富艺术魅力的典型。

正当莎士比亚在戏剧领域中大放光彩的时候，象征"美德"与"权力"的伊丽莎白女王却已是风中残烛。

1603年3月24日，这位曾经率领英国走上富强之路的一代君王，在里奇蒙王宫溘然长逝。由于没有子嗣，王位被她的外甥玛丽·斯图亚特之子詹姆斯六世继承，新王后来改称为詹姆斯一世。虽然权势浩大的伊丽莎白死了，但这丝毫也不妨碍莎士比亚的飞黄腾达。因为他的巨大成就早已得到了人们的认可，并且，他的事业将在新时代中继续得以拓展。果然，詹姆斯一世登基后不久，他便成为了"内部大臣剧团"新的保护人，并下令剧团更名为"国王供奉剧团"。

这样一来，莎士比亚和他的同伴们不仅得到了无尚的荣誉，同时，他们的财运更加亨通。这位著有多篇政治文章、通晓各类艺术的詹姆斯一世对戏剧尤为感兴趣，他不仅增加了戏剧在宫廷内的演出场次，而且还将大部分的演出任务派给了"国王供奉剧团"，这无疑使剧团的成员们收入大增。

然而，詹姆斯一世的登基并没有给英国带来期望中的安宁和强盛。相反，一场最惨重的瘟疫就此降临。一年之内，伦敦城便失去了3万人。剧院再次关闭，"国王供奉剧团"带着《哈姆雷特》开始踏上巡演的旅程。而莎士比亚则回到了"新地"，在乡居期间继续着自己的笔耕生涯。

伟大的悲剧时代

悲剧，代表着莎士比亚戏剧创作的最高巅峰。在这些作品中，充斥着对死亡魅力的无尽描绘。继《哈姆雷特》之后，《奥赛罗》《李尔王》和《麦克白》相继问世了。这些伟大的作品令人感到无比震撼，让人们窥探到了莎士比亚内心的思想和最深的情感。

莎士比亚在《奥赛罗》中刻画了伊阿古的形象，对现实社会中的邪恶势力做了比较深刻的批判。

《奥赛罗》的故事发生在威尼斯，黑皮肤的摩尔人大将奥赛罗和贵族小姐苔丝狄蒙娜相爱而结婚，但却遭到贵族们的反对。威尼斯大公派战功赫赫的奥赛罗去抵御土耳其人入侵，故对婚事不加干涉。伪善、狡诈而又阴险的旗官伊阿古因奥赛罗未任命他为副将而怀恨在心。为了报复，他巧施诡计诬陷苔丝狄蒙娜不贞。轻信他人而又嫉恶如仇的奥赛罗陷入极大的悲愤与绝望中，他妒火中烧，亲手扼死了无辜的苔丝狄蒙娜，还以为做了一件正义的事。然而伊阿古的妻子当场揭发了真相，使奥赛罗悔恨万分，为了惩治自己铸下的大错，挥剑自杀身亡。

剧中有一段精彩的对话：

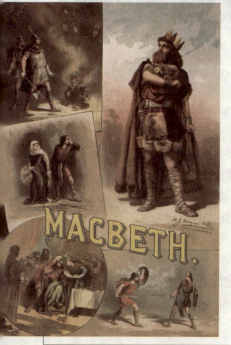

⏷ 1884年美国某剧院《麦克白》的公演海报

"伊阿古:请不要生气。

奥赛罗:啊,血!血!血!

伊阿古:忍耐点儿吧;也许您的意见会改变过来的。

奥赛罗:决不,伊阿古。正像黑海的寒涛滚滚奔流,奔进马尔马拉海,直冲达达尼尔海峡,永远不会后退一样,我的风驰电掣的流血的思想,在复仇的目的没有充分达到以前,也决不会踟蹰回顾,化为绕指的柔情。(跪)苍天在上,我倘不能报复这奇耻大辱,誓不偷生人世。"

这些字语仿佛令人感觉到车辚辚、风萧萧、山洪即将暴发、海涛就要袭来的恐怖画面。奥赛罗的复仇之剑似乎已在极度的猜疑和嫉妒之下,发出了咄咄逼人的、刺目的白光,它让人们闻到了血腥的味道。然而,当奥赛罗得知错杀了无辜的妻子后,他也只能以自杀来了结一生。不过与此同时,他的内心中又升腾起希望之光,因为这时,他终于知道自己得到的爱情是忠贞不渝的。奥赛罗以自己的毁灭来显示人类向善、趋善的力量,这正是莎士比亚的悲剧中悲壮崇高、哀而不伤的原因所在。

↑ 奥赛罗亲手杀死了苔丝狄蒙娜

在《李尔王》中,莎士比亚一方面描写人情的淡薄,在金钱关系影响下子女对生身之父也是利欲熏心、忘恩负义;另一方面认为昏聩的国王只有沦为乞丐,才能对冷酷自私的现实世界有所认识,从而完成道德改善,转变为有人性的君主。在这两部悲剧中,莎士比亚塑造了奥赛罗、苔丝狄蒙娜、考狄利娅这类闪耀着理想光辉的正面人物形象。在以后的悲剧《麦克白》《雅典的泰门》中,这类正面人物不再出现。《雅典的泰门》中甚至弥漫着一种愤世嫉俗的消极情绪。因好客而倾家荡产的雅典贵族泰门在尝尽世态炎凉之后,咒骂人类,仇恨人类,终于疯狂而死。他死前还在海滨的墓上写了墓志铭,抒发其厌世的思绪。从这

↓ 李尔王哀悼考狄利娅

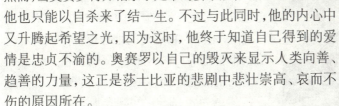

些作品中可以看出，莎士比亚的理想与现实之间的矛盾越来越尖锐。英国散文作家黑兹里特曾对这些作品这样评价道："如果说天才的力量可以在以上的每一个剧本里都被表现出来是一件令人惊诧的事情的话，那么它们的变化多端也绝不逊色。它们好像是出自同一头脑中的不同创造，它们之间找不到一丝一毫的关联。这种特征和创造性，是真理和天性的必然结果。"

的确，这些作品彼此之间是那么的不同，然而，人们却在这千变万化的角色与作品中，捕捉到了一个共同点，那就是莎士比亚精神。这种精神饱含着他的智慧、他的欢乐，以及他对人生昭然的洞见。

↑《雅典的泰门》中的插图

1608年，莎士比亚与剧团的同伴们合资创办了黑衣修士剧院。黑衣修士剧院的前身是一家修道院，位于伦敦城的西端，占地约2公顷。1538年，亨利八世下令解散各家修道院时，它也难脱厄运。而"国王供奉剧团"之所以选在这里，是因为它所处的地理位置是一片不受伦敦市管辖的自由区。与环球剧院相比，黑衣修士剧院虽然只能容纳500多名观众，但舞台设备却更为考究。它的观众大多是伦敦的上流社会成员和有产者。自1608年之后，这里荒芜了多年的大厅终于又重新显露出勃勃的生机。莎士比亚要利用这个新的场所，借助它所能提供的一切，来淋漓尽致地宣泄人类的复杂感情。在这里，世界变成了舞台，舞台亦成为世界，它将在莎士比亚的引领下，上演人世间的一切善与恶，美与丑。

1608年9月，莎士比亚的母亲去世了。而他的长女苏珊娜也于一年前嫁给了小镇上名气颇响的年轻医生约翰·霍尔。"新地"只剩下了妻子安和小女儿茱蒂丝，偌大的宅院显得冷冷清清。莎士比亚打算在镇上寻找能够陪伴他妻子与女儿的同伴，为"新地"增添生气。最后，他决定让自己的远房表亲，新上任的镇书记汤姆士·格林一家搬入"新地"。

接下来的一两年中，莎士比亚因为瘟疫的再度猖獗而回到了"新地"。

↑《冬天的故事》

这段时间，由于詹姆斯一世的专制，英国的资产阶级与王室之间的矛盾日益加深，英国中部不断发生农民起义。国内的阶级冲突加上爱尔兰的叛乱，动荡的局势使莎士比亚越发感到了现实与理想之间的不可调和。于是，他将自己引入了一个梦幻世界，这个世界中充满了童话式的想象，以至于身处其中的人们可以用超自然的力量来解决与现实之间的矛盾。莎士比亚的创作由此转向了传奇剧领域。

这时期的作品有《辛白林》《冬天的故事》《暴风雨》等。其剧本情节大同小异，都是主人公先遭遇灾难和不幸，后来在偶然的契机下转危为安，甚至还因祸得福。这些作品大都以宽恕、和解为主题，剧中充满了奇妙的幻想、瑰丽的描绘、生动的形象和诗意的背景，虽然情节荒诞，超乎现实，但却是那么沉着、自信、仁慈与真诚。

↑《暴风雨》

"诗的遗嘱"——《暴风雨》

在莎士比亚的传奇剧中，尤其令世人瞩目的是莎士比亚 1611 年至 1612 年创作的《暴风雨》。这部作品是他的传奇剧中的巅峰之作，也是他对自己一生反思的总结。于是，后人将此剧誉为"诗的遗嘱"。

触发莎士比亚创作《暴风雨》的原因可能缘于一件在当时引起轰动的大事。1609 年，乔治·索梅尔爵士的船队

🔺 爱丽儿、米兰达与普洛斯彼罗

在百慕大遭遇了海难,但船上的人们凭借惊人的适应力和创造力,竟奇迹般地活了下来。在荒岛上生存了 10 个月后,他们终于靠着两条简陋的、用杉树干扎成的小船回到了久违的文明世界中。这些人的传奇经历招来了许多作家的浓厚兴趣。一年之后,多部版本不同、描写这个故事的书开始竞相陈列在伦敦各个书店的货架上。这些书连同这个故事也许给莎士比亚带来了不小的冲击和灵感,而这些冲击和灵感使他不久之后便投入到了《暴风雨》的创作中。

借助《暴风雨》,莎士比亚再一次宣扬了改恶从善、包容谅解的博大思想以及对信念的坚定与执著。

《暴风雨》写的是米兰公爵普罗斯彼罗因为潜心研究魔法,被他的弟弟安东尼奥勾结那不勒斯王篡权夺位,普罗斯彼罗只好带着年仅 3 岁的女儿米兰达流落到了荒岛之上。他们没想到,在这荒岛上还居住着可爱的精灵爱丽儿和一个长相丑陋的野人卡列班。于是,通晓魔法的普罗斯彼罗施展法术,使他们成为自己的仆人。12 年过去了,米兰达已经长大成人,而普罗斯彼罗也得到消息,那不勒斯国王阿隆佐和他的儿子以及自己的弟弟安东尼奥乘坐的船正在大海上航行。于是,普罗斯彼罗施展魔法,在海上刮起了狂风巨浪,使仇人的船只遇难,他们最终也流落到了这个荒岛上。然而这些喜欢争权夺利的人即使遭受了如此的磨难,依然没有改掉勾心斗角的恶习。他们为了各自的利益彼此间设计了一个又一个的阴谋,但唯有那不勒斯王子腓迪南例外。他善良而又正直,命运之神引领着他爱上了美丽的米兰达。为了考验腓迪南的爱情是否真诚,普罗斯彼罗命令他去干运木头的苦活,但因为有了爱情的滋润,腓迪南非但不觉得苦,反而认为"受穷苦是一种愉快"。他在剧中深情地对米兰达说:"我宁愿毁损我的筋骨,压折我的肩膀,也不愿让你去干这种工作。当我第一眼看见你时,我的心就已经飞到你的身边,

🔺 米兰达

甘心成为你的奴隶，只是为了你的缘故，我才肯让自己当这个辛苦的运木工人……"

故事的末尾，腓迪南赢得了米兰达的芳心，也获得了普罗斯彼罗的认可，而那不勒斯国王和安东尼奥也因在岛上遭受了种种挫折最终悔过自新，仇人们相互宽恕谅解，普罗斯彼罗得到了失去的爵位和公国。大家愉快地同舟而归，一起参加腓迪南与米兰达的婚礼。全剧在和解的欢悦气氛中结束。

在这部戏剧中，莎士比亚并没有回避社会的阴暗面，但他却通过对普罗斯彼罗——一个魔法无边，具有超人力量人物的形象刻画表现出了文艺复兴的时代精神。这部充满着艺术之美与理想之美的作品，在文学造诣上达到了一个无比辉煌的高度。它是"爱"的多方面体现，也是想象与诗的完美结合。

1613 年 6 月 29 日，环球剧场上演《亨利八世》，因剧情需要而鸣放礼炮，结果却导致了一场火灾。这场大火也预示着莎士比亚事业的终结。在此之后，莎士比亚终于下了决定，他要离开喧闹的伦敦，回到美丽的埃文河畔。正是从这时起，莎士比亚渐渐离开了人们的视野，慢慢消失在他个人的神秘世界中。

↥ 埃伦·特里饰演的凯瑟琳王后

7 月，莎士比亚回到了斯特拉特福德，之后的大部分时光他都在这里度过。年近五旬的莎士比亚在家乡不仅拥有花园巨宅，而且还购置了大片的良田。充足的收入使他拥有了一段悠闲恬静的晚年生活。

然而，出人意料的是，就在 1616 年 4 月 23 日，恰逢莎士比亚 52 岁生日之际，死神意外地降临到他的身边。这位具有极高天赋、学识渊博的一代文学大师去世了。他的离去不仅是英国文坛，而且也是整个世界文坛的悲哀和损失。关于莎士比亚的死因，后世流传着各种不同的说法。有的说他从伦敦旅行归来,因疲劳过度而造成了不幸;也有的说他在与朋友本·琼森等人的聚会中由于暴饮暴食而导致了死亡。

但人们相信,无论莎士比亚以何种方式走完了自己的一生,都是不平凡的一生,是辉煌的一生。他留下的作品象征着智慧与永生,他在世界文学史上的地位无人可以取代。

1616 年 4 月 25 日,莎士比亚的遗体被安葬在斯特拉特福德镇那所古老的圣三一教堂内。在杰洛·约翰森为他制作的纪念碑上,刻着莎士比亚本人所写的铭文,这也许是他留给世界的最后文字:

"好朋友,请看在耶稣的份上,
莫动黄土下的尸骨!
让我安息者,上天赐福,
动我尸骨者,永受诅咒!"

无处不在的莎士比亚

莎士比亚去世了,但是,他的戏剧、他的诗、他留下的每一个文字,都成为后人宝贵的精神财富。400 多年来,没

↴《仲夏夜之梦》

有任何人可以超越莎士比亚的创作水平,而世界各国的人们也从未停止过对莎士比亚及莎士比亚作品的钻研与评述。在德国,启蒙文学的代表莱辛与歌德突破了古典主义的束缚,从莎剧反映"自然"(现实)中获得启迪;在英国,诗人柯尔律治称莎士比亚同海洋和变形之神普洛泰一样不可捉摸;在法国,司汤达赞誉莎士比亚为一代散文戏剧大师……

此外,莎士比亚的"身影"还出现在音乐、电影和精神分析学说等各个领域。著名的德国作曲家门德尔松和妹妹芳妮曾同时醉心于莎士比亚的喜剧《仲夏夜之梦》,由此在音乐史上诞生了第一首浪漫主义的音乐会序曲;意大利作曲家罗西尼、法国作曲家威尔第等人,取材于莎士比亚的悲剧,先后创作了歌剧《奥赛罗》、《麦克白》等至今久演不衰的经典名作。在电影史上,莎剧同样造就了为数众多的电影及杰出演员。仅 20 世纪的最初 30 年中,便有 17 部《哈姆雷特》、8 部《麦克白》、10 部《威尼斯商人》被搬上了银幕。到了 20 世纪中后期,马龙·白兰度、伊丽莎白·泰勒以及梅尔·吉布森等人更是热衷于莎剧的拍摄。而作为现代精神分析学说的鼻祖,据说弗洛伊德就常将莎士比亚的作品放于枕畔,或许他得出的关于俄狄浦斯情结的论点便得益于《哈姆雷特》的启发。

⬆《威尼斯商人》

莎士比亚将如此丰富的精神遗产留给了整个世界,它愉悦着亿万人的心田。正如法国大文豪雨果所言,莎士比亚"这种天才的降临,使得艺术、科学、哲学或者整个社会焕然一新",他的光辉"照耀着全人类,从时代的这个尽头照射到那个尽头"。

大 事 年 表

1564 年	4 月 23 日,威廉·莎士比亚出生在英国的斯特拉特福德小镇。
1571 年	进入文法学校接受教育。
1577 年	学习生涯结束。
1582 年	与安·哈瑟维结婚。
1585 年	离开了斯特拉特福德小镇。
1587 年	来到伦敦。
1593 年	创作叙事长诗《维纳斯与阿都尼》。
1594 年	创作长诗《克鲁丽丝受辱记》。加入"内部大臣剧团"。
1596 年	创作《威尼斯商人》。11 岁的儿子哈姆雷特夭折。
	创作历史剧《约翰王》。
1601 年	创作悲剧《哈姆雷特》。
1611—1612 年	创作《暴风雨》。
1616 年	4 月 23 日,52 岁生日这天,威廉·莎士比亚逝世。
	4 月 25 日,遗体被葬在斯特拉特福德镇的圣三一教堂内。

格林兄弟

雅科布·格林和威廉·格林兄
弟是德国童话搜集家、语言文化研
究者。而真正令格林兄弟在世界各
国家喻户晓的，是他们精心编著的民间童话与古代
神话传说：美丽善良的白雪公主和七个小矮人、静
静等待王子到来的睡美人、天真可爱的小红帽、美
丽善良的灰姑娘……这些生动的形象在一代又一代
人的童年中留下了美好的记忆。这些作品激发了人
们无穷的想象力，更成为人类创造力的源泉，不断
推动着人类社会的发展和文明的进步。

马尔堡的大学生

1785 年 1 月 4 日,雅科布·格林在德国哈瑙地区的一个普通家庭中呱呱落地,一年后的 2 月 24 日,弟弟威廉·格林出世,他们就是后来为世界带来了许多美丽动人的童话故事的格林兄弟。

格林兄弟出生的时候,外面的世界正在经历着翻天覆地的变化,资产阶级革命的浪潮在整个世界风起云涌。独立战争的胜利,使美国摆脱了英国的殖民统治;1789 年,法国大革命掀起了席卷欧洲的革命斗争风暴,革命者的鲜血让欧洲封建制度开始土崩瓦解,无数反动封建贵族的头颅滚落在断头台下。不久,拿破仑的名字和他所向披靡的军队仿佛一道闪电划过欧洲漆黑的夜空。1792 年开始,欧洲各国开始对革命的法国发动了同盟战争。历史的风雨表明,社会的大动荡即将到来。

当《马赛曲》已经响彻了巴黎街头,当如潮的人群已经攻入了巴士底狱时,小小的哈瑙依旧是那么的平静。看来,那些暴风雨般的事变暂时还没有侵入这座宁静的德国小城,所以,格林兄弟还可以完全自由地在花园里跑跑跳跳;可以在下着雪的冬天,沿着白茫茫的小径,穿过光秃秃的树林,去寻找他们的快乐。

马尔堡大学

1791 年,格林兄弟的父亲菲利普·威廉·格林被任命为金齐布河上游施泰瑙的司法官,于是,他们一家搬到了圣叶卡捷琳娜教堂附近的司法楼上。

对于格林兄弟来说,圣叶卡捷琳娜教堂是一个充满了魔力的地方,因为他们的祖父在这个古老的教堂里当了 40 多年的神甫。在一些节庆日里,格林兄弟会在父亲的带领下前往教堂。雅科布在父亲面前打开圣歌本,而稍小些的威廉则被允许向捐款钵里扔硬币。祈祷过后,格林兄弟便可以在邻近的城堡里游逛。

当然，兄弟俩也喜欢在施泰瑙郊外的树林里玩耍。他们隐藏在寂静的树林里，凭着声音来辨认啄木鸟和椋鸟，他们好像还能听懂山鸟和巫鸟在唧唧喳喳地"聊天"。后来，格林兄弟在他们的童话集里描述了第一次在这里所听到的各种声音。

当格林兄弟还在他们那童话般的世界里过着无忧无虑的生活时，不幸却降临了。1796年，他们的父亲因患肝炎离开了人世。母亲不得不带着全家从司法楼里搬出来，在姨妈的资助下，格林兄弟被安置到卡塞尔入学，并开始一起准备古典高级中学的课程。

1802年至1803年，格林兄弟相继成为马尔堡大学的学生。马尔堡是一个十分有趣的城市，这里有许多有纪念意义的建筑物，如尖顶高入云霄的哥特式圣伊丽莎白大教堂，教堂里有彩色的玻璃、地下室和杜勒的绘画；一座古代城堡高高地耸立在城市的中心，从这里可以看到山谷和马尔堡市郊的壮丽景色。绝美的风景吸引了格林兄弟，但是他们的大部分时间都用在了学业上。

↑格林兄弟的故乡——哈瑙市，市政厅大楼前是格林兄弟的雕塑。

在大学里，格林兄弟初次拜读歌德、席勒等大师的名著，对古典文学也有了最初的了解，浪漫思想第一次给两人留下了不可磨灭的印象。此外，他们还对中古德国文学以及德国古代诗歌产生了浓厚的兴趣。在萨维尼的引导下，格林兄弟迅速掌握了科学的研究方法，产生了浪漫主义思想的倾向，并且和萨维尼的一群志同道合的朋友相识交往，共同研究探讨问题。这些都成为他们日后独立进行文学研究和探索的宝贵财富。

立　志

　　1805 年，雅科布和威廉一同返回卡塞尔，他们全家也迁到卡塞尔，一家人终于团聚了。然而，1808 年 5 月 27 日，他们的母亲去世了。他们非常的悲痛，作为长子，雅科布担负起了家庭的重担。当时，威廉病得很厉害，虚弱得无法工作。在手头宽裕些后，雅科布立即不惜重金聘请了一位非常著名的药物学教授为威廉治疗，并送他到吉比兴施泰因城堡去疗养。就这样，威廉的病情终于得到了缓解。

　　威廉在身体情况好转后，便去柏林拜会朋友阿尔尼姆。阿尔尼姆给威廉提供了一间放满经典名著的工作室，并将他的文学家、艺术家和出版商朋友引荐给威廉。威廉此行大大增进了他和当时社会文苑名流的交往，结识了不少好友，后来在威廉编著重要典籍和作品时，他们给予了他许多帮助，也提出了不少中肯的意见。1809 年 11 月，威廉踏上归程，途中又特意到魏玛去拜谒了久负盛名的歌德。

　　才华横溢的歌德那时已年过六旬了，他声名显赫，是德国最伟大的诗人、文艺理论家、政治家、思想家和自然科学家，而年轻的威廉却只是一个刚发表了几篇文章的小伙子，还不满 24 岁，然而两人却一见如故。歌德就像是一位博学而慈祥的长者，与威廉畅谈古代北欧诗歌、古代小说。歌德还一再表示他坚决支持格林兄弟挖掘久已被遗忘的古代文学的伟业，并承诺将亲自参与其中。后来，他还让自己管辖的图书馆给格林兄弟寄去不少

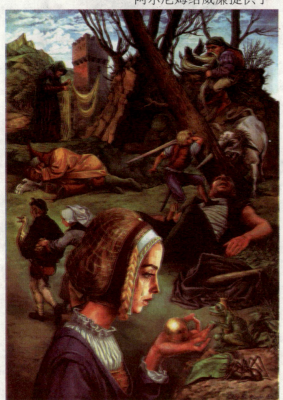

格林童话带我们进入神奇美妙的世界。这里有美丽骄傲的公主；有勤劳善良的万苣姑娘；还有机智勇敢的小裁缝……

《六只天鹅》:为了走出森林,迷路的国王被迫娶了女巫的女儿为妻——她同时也成为国王7个儿女们的继母。然而,这个继母心肠恶毒,她利用巫术使6位王子变成了天鹅,并远离亲人,漂泊异乡。后来,王子们的妹妹利用智慧使巫术化解,他们最终团聚在一起。

珍贵的古籍手抄本。威廉内心充满了对歌德的崇敬和感激,歌德的肯定和支持深深地激励了威廉和雅科布,使他们更加坚定地在探索古代文学的道路上前进。

格林兄弟过着简朴的生活,默默地隐没在一块还未开垦的处女地——日尔曼语言和文学的原野上。古代文学所呈现出的壮美景象吸引着格林兄弟的心,使他们忘记了经济上的清贫,忘记了周围汹涌的革命浪潮和战场上炮火的轰鸣。

格林兄弟并不是孤军奋战,虽然他俩不常出门,却一直用书信和一些志同道合的朋友们保持着密切的联系,其中包括德国诗人路德维希·乌兰德,瑞士的约翰·博德默尔以及德国诗人、启蒙运动的拥护者克洛普施托克、福斯等人。格林兄弟所从事的事业是十分艰苦的,面对两人的只是些断简残篇,深藏于图书馆中落满灰尘的手抄本、散落于民间口头流传的古代故事传说、无法辨识的绝迹了的古代文字遗迹……为了加强语言基本功,雅科布甚至同时钻研了多种语言,他迅速地熟悉了斯拉夫语,并致力于冰岛语的探讨,而威廉则希望借助古文学遗产踏进诗的天国。

很快,格林兄弟凭着很深的文学语言的造诣,和孜孜以求的探索精神,在他们开垦的土地上,终于结出了丰硕的果实。

如果格林兄弟沿着这条道路继续走下去的话,他们就会作为科学研究者和科学探索者,以及作为日耳曼文学家中两个奠基人而进入科学史册。但是他们觉得这样做还不够，当他们还在研究语言问题的时候，就已经开始搜集童话和传说。

从1806年开始，格林兄弟便着手搜集民间童话，他们把古老的童话看做是整部史诗中地位显著的组成部分，它们展示出人们对美的追求。他们希望有生命力的童话能陶冶人们的心灵，开阔人们的胸怀，激励人们的意志，无论男女老幼都能从中受到教育，得到快乐和启发。

珍重历史的创造者

在卡塞尔，格林兄弟有一位非常有趣的邻居——药房的主人维利特先生。维利特先生的女儿们也知道很多童话，特别是格列特亨和多尔特亨。

多尔特亨是一个年轻、朴实而又天真的姑娘，在花园里同威廉·格林见面的时候，就给他讲她在家里所听到的

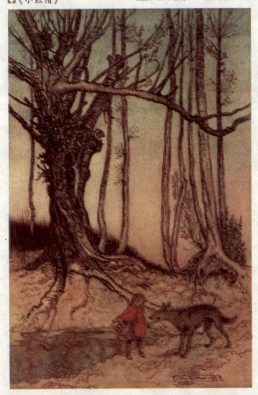

↱《小红帽》

童话。这就是《会开饭的桌子》《密切里查太太》和《六只天鹅》等故事。多尔特的童话，一些是从母亲那里听来的，一些是从药房主人家里的一位女管家"玛丽娅奶奶"那里听来的。

玛丽娅奶奶是一位60岁的女人，在她出生的地方，流传着特别多的童话。玛丽娅奶奶的记性很好，她慷慨地同格林兄弟分享自己的财富，《和指头一样小的男孩》《小弟弟和小姐姐》《没有手的女孩》《小红帽》《睡美人》等，都是玛丽娅奶奶讲的，经过格林兄弟的加工后又传遍了整个世界。

在战乱的岁月中，格林兄弟四处奔走收集那些充满了魅力与活力的童话。虽然在收集故事的过程中，

兄弟俩得到了许多人的帮助，然而，要使所有那些喜欢给孩子们讲故事的老年妇女去给成年人讲童话并非易事。

在马尔堡医院，有一个满肚子童话的说书女人，1809年，格林兄弟拜托自己的妹妹洛塔前往马尔堡求助于这个善于讲故事的女人。可是几个星期后，洛塔一无所获地回来了。雅科布给当时身在哈勒的弟弟写了一封充满悲观和失望的信。第二年，即1810年，为了劝说"马尔堡说书女人"改变主意，威廉亲自来到了马尔堡。但是，这个上了年纪的老太太却不能相信，成年人会真的愿意听她的童话！后来，威廉总算拐弯抹角地从她嘴里探出了两个童话。医院院长出面帮忙，要求她给自己的孩子讲几个童话，孩子们又把童话告诉父亲，他记下来，再转告给威廉。这真是非常复杂的一次经历！

这又一次证明，搜集民间口头创作是一个极为困难的过程，因为童话并没有现成地摆放在书架上，而知道这些童话的人们又并非到处都可以碰到。为了找到最好的、最珍贵的和最需要的东西，搜集者要有极大的耐心和毅力。

在搜集童话的过程中，格林兄弟一次又一次地求助于那些善于讲故事的人们。退休的龙骑兵司务长约翰·弗里德里希·克拉乌泽的家离卡塞尔不远，他给格林兄弟讲了一些"属于士兵的童话"。当这个衣服褴褛的残疾人向他们讲述关于"台布、背包、帽子、大炮和犄角"的童话时，他似乎又回到了自己站在战友面前自豪地说大话的那个年代。这个老兵绘声绘色地给格林兄弟讲述着什瓦尔增费利斯的传说：

"一个士兵敲了一下自己的背包，从里边放出来了步兵和骑兵部队，这支部队把国王的军队全打败了。第二天，国王派了更多的人去消灭这个士兵，而士兵就一直敲自己的背包，直到整个军队出来为止。然后，他又在自己脑袋周围把帽子转了几圈，于是又出现了几门大炮。敌人被打败了，都逃跑了。之后，国王与士兵签订了和约，士兵成了总督，并将公主娶来为妻。"

正是这些平凡的人，为格林兄弟和后人们带来了许多

睡美人

真正的、流传于民间的童话。作为研究者，格林兄弟并不仅仅局限于搜集和编写工作。对格林兄弟来说，最重要的是保持所记下来的传说和故事的纯洁性，并将它的意义和精神表达出来。

他们在观点上有时也存在矛盾。雅科布较多地倾向于故事的可靠性，威廉则主张进行艺术的和富有诗意的修改，而雅科布是不轻易向他让步的。雅科布的准确性、严肃性同威廉形式上的优美感构成了难以替代的创造性的结合。因此，格林兄弟创造了奇迹——把古代的民间创作保存下来，同时，还使它保持了统一的语言风格。

童话集出版

1812年，在紧张地工作了6年之后，格林兄弟的资料终于能够提炼出一部很不错的书了。通过朋友阿尔尼姆的联系，格林兄弟于9月底把童话手稿寄给了出版者。

1812年圣诞节前不久，雅科布拿到了刚刚出版的《儿童和家庭童话集》，即现在俗称的《格林童话》的第一卷。当然，阿尔尼姆也得到了一本，这是格林兄弟送给他妻子和小儿子约翰·弗列伊门德的圣诞礼物。

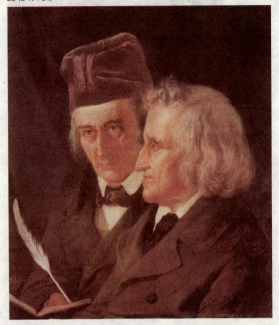

格林兄弟

从这个时候起，与其他任何一种圣诞礼物相比，这本童话集都是最为珍贵的一份礼物，它不仅给予儿童，也给予无数成年人以希望和快乐。

《儿童和家庭童话集》还善于用自己特殊的方式打比方，比如礼貌的女孩子每次开口说话都掉出一块金子；粗鲁的坏女孩每次开口都掉出一只癞蛤蟆……

读着《儿童和家庭童话集》，人们仿佛看到格林兄弟拿着羽毛笔在发黄的纸上记录、构思一

《青蛙王子》中的插图

世界大文学家成功故事

个个故事。他们应该是坐在树墩上，头上有小鸟在歌唱，于是花香、草香在弥漫。《儿童和家庭童话集》的光芒从不刺眼，就像汉斯笨笨磕磕的步伐，又像那些普通而威力无边的帽子、背包，其中蕴涵的东西只有善良、有趣的心才能体会得到。

在幽静的书桌前工作，这是格林兄弟唯一的愿望。当童话集第一卷问世之后，他们很快就开始搜集第二卷的材料。

1814 年春天，拿破仑在格罗斯郭尔琛和包岑附近重新获得了胜利。而这时的格林兄弟已经学会以一定的冷静态度看待外部世界。他们把每天的工作作为必须提出的任务来完成，并且认为这种创作的一贯性具有深刻的意义。

1815 年，一本名为《格林兄弟》的书问世了，这就是《儿童和家庭童话集》第二卷。这些童话如同一股从森林中吹过的风，带着清香和浓郁的浪漫。这一次格林兄弟让故事大都发生在森林中。《青蛙王子》中的小公主喜欢坐在森林边的井边抛金球玩；白雪公主在森林中遇见七个小矮人；勇敢的小裁缝和巨人比拔树；睡美人的王宫被带着荆棘的树林包围……多少个孩子被逼迫进了森林，最终凭着善良、智慧得到了宝石和金子。凡是看过《格林童话》的人，也仿佛成了一个孩子，在森林中遇见许多城堡，于是便一座一座地走进去游历，每一处都那样的好看。看完了，回到现实生活中，城堡没了，森林也没了，变成一股风走了。

读《格林童话》就像是一个游历森林的过程，这就是它的独特之处。这卷童话集中许多故事的提供者仍是格林兄弟的那些老

《莴苣姑娘》

世界大文学家成功故事

《放鹅姑娘》

朋友：玛丽娅奶奶讲了关于青蛙王子的童话，多尔特亨讲了会唱歌的云雀，约尔吉斯太太讲了狮子和青蛙……在离卡塞尔不远的尼杰尔茨维连村，住着一位50出头的妇女，名叫多罗捷娅·菲曼。像年老的玛丽娅为第二卷讲了许多优美的故事一样，菲曼也讲了许多故事——大约20个。虽然多罗捷娅·菲曼掌握着这么多的童话财富，可是她本人却生活在贫困之中。在过去的战争期间，她失去了大部分财产，而且，她还是一个有着6个嗷嗷待哺的孩子的母亲。不过，幸运的是，这个妇女遇到了格林兄弟，而格林兄弟把她讲的故事全都保留了下来。

人们在阅读这些故事的时候，如《万能博士》《鬼和他的祖母》《放鹅姑娘》《懒惰的纺织妇人》《清白的太阳要透露这件事》等，很难想象这些故事是由一个生活贫困的妇女讲述的。是的，她了解贫困，当她讲述3个副工长的故事时，那柔和的声音里流露出同情："当他们什么也没有再挣到的时候，他们的衣服都变成了破烂……"

这个慷慨好施的妇女虽然被战乱搞得精疲力竭，家务操劳把她折磨得痛苦不堪，但是她却建筑了一座座黄金般的空中楼阁，并且都分别赠给了别人。她以轻轻的、娓娓动听的声音给格林兄弟讲了一个《可怜的磨坊工人和他的公主》的故事："开始，他们来到一座小房子里，这座小房子是他用银斧子修建的。眼看着房子就变成了一座巨大的城堡，而且城堡里的一切都是用金子和银子做的。这时公主就嫁给了他，而他就成了一个财主，他所拥有的财富够他用一辈子。"

在《放鹅姑娘》里，国王的女儿许配给了王子。在结婚的时候，给她"收拾了许多非常贵重的家具和装饰品，金子和银子，杯子和珍宝。总而言之，王室嫁妆中的东西，无不应有尽有"。

这些美丽的童话故事，不但在当时受到了人们的喜爱，就是在100多年后的今天，格林兄弟的童话也没有过时，在所有的国家，人们都知道它、阅读它、喜爱它。

《德国传说集》

作为德国文学研究的开拓者,格林兄弟凭着自己的学术专著在年轻时便已在学术界崭露头角,而两卷童话的问世,更使他们跻身于浪漫派之列而享誉世界。但这些仅仅只是开始,他们的勤奋和智慧将会换来更多的收获。

1819 年,两本童话集进行了再版。格林兄弟和上次一样,把它们分送给了自己的朋友们,并在书上写道:"请接受它(书),望勿见笑。如果您认为这本书值得更深入地了解的话,那么您会发现,这里许多地方有了改进并作了修订,而第一卷则全部进行了修订。"修订过的版本,在许多地方都留下了威廉那富有诗意的写作风格。

🔲 海因里希·卡尔画的睡美人插图

1822 年,《儿童和家庭童话集》第三卷出版了,这一卷所考虑的主要不是只愿欣赏诗歌的儿童们,而是一些对童话较为关注的学者。

格林兄弟在此卷的注释里不但指出了他们的童话和法国、意大利童话的同源关系,还指出了这些童话与动物童话情节上的相似情况,以及古代神话对它们的影响。他们的功绩不仅仅在于他们对古老的童话进行了搜集,并以优美的形式把它们固定下来,而且还在于他们成了科学领域的奠基人之一,特别是威廉·格林对这部书的理论部分提出了基本思想。雅科布在这一时期主要忙于复杂的、基本语法问题的研究。他曾承认："我很少参加《儿童和家庭童话集》第三卷的编写工作，也就是说只是偶尔提些意见。"当然，他的建议都得到了弟弟的重视和采纳。

包括第三卷在内的 3 本《儿童和家庭童话集》完成了，这是 16 年艰巨劳动的总结。一年以后，格林兄弟这部三卷集的书开始博得了普遍的称赞，部分童话还被翻译成了英语。

与此同时，格林兄弟还研究另一个选题，这个选题似乎可以和《儿童和家庭童话集》相提并论，这就是《德国传说集》。与童话相比，传说是某种崭新的东西，传说也叙述不可思议的事件，叙述同鬼神、同巨人以及同地精会面。不过它们要么同一定的历史事件、历史人物有关，要么同一定的地点有关，它们并不存在于想象的世界中。

《灰姑娘》：小姑娘的母亲死后，继母的两个女儿夺走了她的漂亮衣裳，给她穿上了灰色的外套，还让她穿上一双破烂的木屐。她被迫去做最艰苦的活儿。不过，虽然身陷苦难之中，心地善良的灰姑娘还是交了很多好朋友——那些可爱的小鸟。最后，灰姑娘在小鸟们的帮助下，终于得到了英俊王子的爱情。

作为"猎人"，格林兄弟在图书馆和档案馆里开始从事塔西佗的著作研究，他们在普里尼和卜可比的作品当中作了摘录。他们不但从格里高里作品里查找法兰克人的传说，从约尔丹的作品里查找哥特人的传说，而且也从保罗·狄康的作品里查找朗哥巴尔德人的传说。在从巴黎到维也纳的图书馆里，他们查找了许多手写编年史、民间传说、回忆录和描写卓越人物趣闻的集子。他们多次碰到许多无人过问的传说，格林兄弟仔细而又准确地抄写了这些被重新发现的材料。他们翻阅了 16—17 世纪的作品，这些作品有不少是路德和格里麦利斯加乌津、费沙尔特和阿勃拉姆以及桑克特·克拉尔的手稿。同编写童话一样，后来他们对其进行润色加工，力图用通俗无饰的，然而是他们所习惯的流畅语言叙述这些传说。

1816年，格林兄弟顺利地出版了《德国传说集》的第一卷，而在1818年复活节前出版了第二卷，即最后一卷。这部新书和《童话集》一样，向世界打开了一份美妙的可能被埋葬的宝藏。

《德国传说集》收集了大约600个传说。在书中，家神和幽灵到处游荡，人鱼公主和爱尔菲使自然界生机盎然，神鬼和地精在家庭储藏室里跑来跑去，矮子从地洞里钻了出来，巨人迈着大步跨过群山，老祖母复活了，由魔力控制的王子在等待自己胜利的时刻……此外，书中还常常出现很久以前的历史人物形象：有时是民族大迁徙时代的公爵或者是较晚时代的皇帝和国王，有时是传说中人民的庇护者热涅维耶娃，或者豪杰人物济格弗里德和洛埃恩格林……

七君子事件

在搜集与编写童话的过程中，威廉与多尔特亨（卡塞尔那位善讲童话的姑娘）在那些美丽故事的陪伴下，不知不觉坠入了爱河。1825年5月15日，威廉与多尔特亨在卡塞尔举行了结婚典礼，他们得到了亲友们美好的祝福。

从1816至1829年这段时间，格林兄弟的研究成果十分丰饶。雅科布潜心钻研语言，独辟蹊径，成为那个时代一位探索语言的大师。他在通研了过去德语语言领域的各种学术著作，并与专家学者反复交流之后，于1819年发表了第一卷《德语语法》。

3年后，雅科布又完全采用新的资料重写该书。这部书力求勾勒出德语语法的历史演变，旨在证明所有德语语法有非常密切的联系，提出必须历史地看待当代的语法结构。新版《语法》第一卷称得上是一部语言学专著，它内容广泛，旁征博引，甚至将哥特语也涵盖在内。关于日耳曼语与高地德语部分的论述，被后人称为"格林定律"。

今日汉诺威市政厅显得如此和谐宁静。这里的美丽来之不易，那些为了争取社会进步而勇敢斗争的英雄将永远铭记在人们心中。

早期哥廷根

1826年,《语法》第二卷出版,它详细研究了构词法对语言的影响。在编写两卷语法的间隙,雅科布还把武克·施特凡诺维奇著的《塞尔维亚语语法》译成德语,这是他学习斯拉夫语的成果。此外,雅科布还对古代德意志法律进行了探究,希望能为法律改革作出一份贡献,并挖掘出古代法律典籍中蕴藏着的丰富的民俗学材料,包括历代祖先的风俗习惯、伦理道德、生活方式等。1828年,一本近千页的法律学巨著《德意志法律古事志》诞生了。

而威廉这一时期的业绩也十分优秀,1829年他完成了代表作《德国英雄传说详考》。该书汇集了德国历史上1000多年中有关英雄传说的资料,描写了德国史诗的起源及发展,让人们能更深入了解德国的历史。这部著作也为他同一时代的诗人、艺术家、音乐家创作英雄主义作品提供了十分丰富的灵感源泉。

1829年年底,应汉诺威王国官方的热情邀请,雅科布和威廉前往哥廷根工作。雅科布被任命为哥廷根大学教授和图书馆职员,威廉也被任命为图书馆职员。在这期间,雅科布开始着手第三、第四卷《语法》的编写工作。

1834年,雅科布和威廉合著了《莱涅克狐》,其中收集了大量关于莱涅克狐的民间故事。1835年,雅科布著的《德国神话学》出版,厚达近千页。他大胆探索古代神鬼世界,介绍了过去的宗教观念,再次大量提供了民俗学的材料。同年出版的新版《日尔曼志》是他研究神话与授课劳动的副产品。

威廉虽然不如哥哥精力充沛,但他取得的成果也是举世公认的。威廉出版了弗赖丹克的《中庸集》注释。原诗作者曾陪普鲁士君主弗里德里希二世参加十字军东征,该书像一面社会的镜子,文字通俗而富有哲理。1836年威廉出版了《蔷薇园》。1837年,大多出自威廉之手的《儿童与家庭童话集》第三版问世,以后的《童话集》的版本更新也都由威廉主持。

　　在哥廷根,格林兄弟不仅在教学上备受学生的爱戴,同时也结识了不少当地的才俊之士。他们相互交流思想,彼此探讨学术,兄弟俩的研究工作似乎也进行得很顺利,但 1837 年的"七君子事件"却成为他们人生的转折点。

　　1837 年 6 月 20 日,英国国王兼汉诺威(哥廷根属其管辖区域)去世了。他在位时曾以自己的名义颁布过一个有立法权的宪法,他死后,其弟恩斯特·奥古斯特成了汉诺威的新君主。他是个彻底的暴戾独裁者,一上台就肆意践踏宪法制度。11 月 1 日,在御用文人的一番宣传攻势之后,奥古斯特明令废除 1833 年宪法,曾经向宪法宣誓的官员纷纷倒戈。新政府要求全体国民包括教授一律书面声明,保证"鞠躬尽瘁,义无反顾"。

　　奥古斯特的做法无疑是政治上的倒行逆施。哥廷根大学的 7 位教授对此忍无可忍,拍案而起。历史学家达尔曼、法学家阿尔布雷希特、文学史家格维努斯、东方文学家埃瓦尔德、物理学家韦贝尔,连同格林兄弟一起,联合署名了一份抗议书,谴责这种无视宪法的行径。

　　1837 年 12 月 11 日,奥古斯特签署了免职书,辞退了这

卡塞尔

7 位教授,并将雅科布、达尔曼、格维努斯教授作为特别不受欢迎的人驱逐出汉诺威。

百年大业

雅科布被驱逐出境后,便回到了他挚爱的故乡卡塞尔。1838 年,威廉和家人从哥廷根迁回卡塞尔。朋友路德维希将底层的住房让给他们,全家人在风浪中又团聚在一起。

两兄弟现在已无一官半职,失去了薪水,但荣誉犹存,他们受到了人民的尊敬。

虽然一时间有乌云压顶的气氛,空气沉闷得让人窒息,但仍有不少朋友在支持和关心格林兄弟,格林兄弟对朋友们的关怀深表感激。

《风雪婆婆》插图

1840 年 6 月,普鲁士的政局发生了重大变化。普鲁士国王威廉三世去世,他的儿子弗里德里希·威廉即位,即威廉四世。威廉四世一向以政见开明著称,被人们称为"御座上的浪漫派"。他释放了革命中关押的大学生协会会员,并重新启用了恩斯特莫里茨·阿恩特这样的激进人士。

贝蒂娜、萨维尼、亚历山大·洪堡等人都坚定地支持格林兄弟,向国王威廉四世极力举荐。1840 年 11 月,兄弟俩收到了普鲁士文化部长发来的官方聘书,普鲁士正式聘用他们,两

人年薪共为2 000塔勒。作为科学院院士的雅科布和威廉从聘用开始就有权在大学授课。

1841年，兄弟俩和家人赶赴柏林就职。就职后他们首次在柏林大学授课，听众如潮。雅科布所讲的《古代德意志法律探讨》旨在借哥廷根的经验教训强调法律对国家生活正常运转是何等的重要；威廉则以《谷德伦之歌》使听众的心陶醉在诗歌的浪漫艺术中。

除了大学和科学院的工作外，格林兄弟仍像从前一样潜心研究、著书立说。随着时间的推移和智慧的积累，格林兄弟留下的文字中所蕴涵的思想也越来越深刻成熟。

在德语研究领域，直到19世纪始终都没有一部完善的、能够将德语整个包罗在一起的工具性文献。德语大辞典的编纂工作困难重重。早在1838年3月，即格林兄弟刚失去哥廷根的职位和最为失意的时候，出版商希尔茨向他们提议要编纂、出版一部真正意义上的完善的德语大辞典。格林兄弟感到该计划与他们的德语文学研究息息相关，极具挑战性，接受了建议，开始共同致力于辞典的出版。这项耗去了他们余生大部分时光的伟大事业终于开始了。

1839年，兄弟俩找到50多名助手，他们都是拥有丰富词汇的作家。很快，兄弟俩便真正体验到了这个空前浩大的工程中的辛酸苦乐。

普鲁士国王得知格林兄弟正在为德意志进行的伟大事业后，专门从国家公共资金中为大辞典事业拨款。1846年，首届日尔曼学者会议召开，大约200名语言学家、历史学家和法学家们在法兰克福汇聚一堂，听取了威廉作的《谈德语辞典的报告》，大家对格林兄弟的计划表示赞赏并坚决支持。

一个人们眼中的"小傻瓜"，在森林中遇到了一位小老头儿，他帮助了这个可怜的老人。老人送给他一只大鹅，大鹅浑身上下长满了纯金的羽毛——这就是《金鹅》中的一段故事。你能想到吗，恐怕谁也不会想到吧，这个"小傻瓜"最后竟然娶了一位公主，并且成了一位赫赫有名的国王呢！

《灰姑娘》

16年过去了，雅科布终于在1854年完成了《德语大辞典》第一卷。1858年，73岁的雅科布总结了辞典工作。1860年和1862年《德语大辞典》第二卷、第三卷问世。二战后，前民主德国与前联邦德国的科学院同心协力，终于在雅科布逝世近100周年时大功告成。如雅科布和威廉梦寐以求的那样，德意志终于有了子孙万代有据可查的权威工具书——《德语大辞典》。

历史将永远铭记为弘扬德国语言文学求索一生，倾尽心血，立下不朽功勋的格林兄弟。

兄弟别离

晚年的格林兄弟依旧有着高昂的激情和美好的梦想。雅科布年轻时曾身背行囊，进行过一次全国性的徒步旅行。在哥廷根时期，他两次去瑞士，游览了各大城市。来到柏林后，雅科布游历了南欧和北欧。

与哥哥相比，威廉体弱多病，无法经受旅途的疲惫。晚年，他常到附近的一些城市休养度假，德国中部山地的林区是他最常去的地方。在大自然的怀抱中，在风土人情的感染下，格林兄弟更加充满激情。

格林兄弟

1859年12月，威廉圆满完成了以字母D起首的全部词汇的编辑和修订。后来，因为手术切除身上的疖子而发高热。1859年12月16日，在疾病的折磨下，73岁的威廉停止了呼吸，离开了这个他为之奉献一生的世界。他的遗体被安葬在柏林市马太教堂墓地。

弟弟去世后，雅科布深感孤独，但他也更加珍惜自己的生命，尽可能地投入到工作中。1863年夏，他得了感冒，并发肝炎，后来又中风不起，半身瘫痪。这年9月20日，雅科布与世长辞，终年78岁。他的墓地紧挨着弟弟威廉。

格林兄弟一生都在为德意志古代文学发扬光

⬆《白雪公主》

大锲而不舍地耕耘着。如果没有他们的努力，世界文学宝库中那一片瑰丽的珍宝恐怕早已随着岁月的流逝而淹没在历史的尘埃中了。在德意志语言研究领域，无论是德语语法、诗歌、语言史，还是童话、传说、法律文献、英雄人物以及其他方面，他们的赫赫功绩都得到了同时代和后世学者们一致的肯定和赞扬。格林兄弟领导编著的工程浩大的《德语大辞典》，作为最权威的语言工具书，在德国历史上树立起了一座丰碑。

　　而真正令他们在世界各国家喻户晓的，是他们精心编著的民间童话与古代神话传说。美丽善良的白雪公主和七个小矮人、受到邪恶诅咒后静静等待王子到来的睡美人、贪婪的狼外婆和天真可爱的小红帽、为丢失水晶鞋而哭泣的灰姑娘、变成青蛙的王子……这些生动的形象在一代又一代人的童年岁月中留下了永不磨灭的美好记忆，在人们心灵中播下了辨别人间善恶的种子。它激发了人们无穷的想象力，更成为人类创造力的源泉，不断推动着人类社会的发展和文明的进步。

大事年表

1785 年	1 月 4 日，雅科布·格林在德国哈瑙地区出生。
1786 年	2 月 24 日，威廉·格林出生。
1796 年	父亲因患肝炎去世。格林兄弟被安置到卡塞尔入学。
1802—1803 年	格林兄弟相继成为马尔堡大学的学生。
1812 年	《儿童和家庭童话集》出版，即现在俗称的《格林童话》的第一卷。
1815 年	《儿童和家庭童话集》第二卷问世。
1816—1818 年	出版了《德国传说集》的第一卷和第二卷。
1819 年	第一卷《德语语法》发表。
1822 年	《儿童和家庭童话集》第三卷出版。
1825 年	5 月 15 日，威廉与多尔特亨在卡塞尔举行结婚典礼。
1826 年	《德语语法》第二卷出版，它详细研究了构词法对语言的影响。
1836 年	威廉出版了《蔷薇园》。
1841 年	兄弟俩赶赴柏林大学就职。
1854—1862 年	雅科布完成《德语大辞典》第一卷、第二卷和第三卷。
1859 年	12 月 16 日，73 岁的威廉因病去世，遗体被安葬在柏林市马太教堂墓地。
1863 年	9 月 20 日，雅科布与世长辞，终年 78 岁，墓地紧挨着弟弟威廉。

雨 果

维克多·雨果是法国浪漫主义文学运动的领袖。他的一生几乎跨越整个 19 世纪，他的文学生涯达 60 年之久，创作力经久不衰。1831 年创作大型浪漫主义长篇小说《巴黎圣母院》。1851 年，路易·波拿巴发动反革命政变，宣布实行帝制，遭到雨果的坚决反对。雨果遭到迫害，被迫流亡国外长达 19 年，创作了多部充满了革命气势的作品，其中有政治讽刺诗集《惩罚集》。长篇小说《悲惨世界》更是杰出的世界文学名著。1870 年路易·波拿巴垮台后，雨果回到巴黎。1885 年雨果病逝，法国举国致哀，巴黎市民为他举行了规模宏大的葬礼。

年轻的诗人

1802 年 2 月 26 日,法国南部边陲贝桑松城的一个军官家庭诞生了一个男婴。这个瘦小而孱弱的婴儿就是伟大的文学家维克多·雨果。

19 世纪初的法国,处于拿破仑执政阶段,一直征战不休。雨果的祖父是木匠,父亲是共和国军队的军官,曾被拿破仑的哥哥西班牙王约瑟夫·波拿巴授予将军衔,是这位国王的亲信重臣。

在无休止的战事中,雨果 4 岁了。他的母亲索菲把他送进了布朗封街的学校上学。这时父亲莱奥波德加入了意大利远征军,因战绩出众,1807 年 1 月,他被任命为科西嘉王家军团上校,后来,莱奥波德被晋升为"西班牙与印度王"。这年年底,小雨果告别巴黎,同母亲和兄长前往意大利。

1809 年的 2 月,雨果随母亲回到了巴黎。两年后,父亲莱奥波德随约瑟夫·波拿巴到西班牙后被升为将军,后又被封为伯爵。于是,索菲带着 3 个孩子前往西班牙,维克多·雨果则被送进了马德里中学。1812 年,索菲带着孩子重返巴黎。

很小的时候,维克多·雨果就对文学表现出了独特的敏感,他对拉丁文和西班牙语的熟悉速度异于常人。他天资聪慧,9 岁就开始写诗。在崇尚"自由教育"的索菲的引导下,雨果读了大量的伏尔泰、卢梭、狄德罗的作品,这为以后雨果为自由而战做了理论铺垫。

18 世纪末,法国早于其他国家出现了启蒙思想。卢梭、狄德罗等文艺启蒙者都活跃在这里。19 世纪初,法国的启蒙思想运动已经

雨果故居

影响了一大批进步青年。雨果便是在这种对自由的信仰和人人平等的思想氛围中长大的。

1814年,12岁的雨果被送进了戈尔迪寄宿学校。很快,他在学校里认识了许多好朋友。在一次休息时,他们提议搞一次演出,结果反响热烈,最后竟在全校掀起了一股演出热。

1817年,雨果终于等来了一展才华的机会。法兰西文学院举办了一次诗歌竞赛,主题为:生活中读书予以我们欢乐。雨果诗兴奔涌,在一个月内写下了一首300多句的长诗。评委们收到雨果的诗后,对他的诗作评价很高。这首诗从戈尔迪学校到法兰西文学院秘书处的投递过程中,得到了学监毕斯卡拉的大力协助。

1818年1月,雨果和两个哥哥以及阿贝尔的两个朋友共同创办了《布列塔尼文学》,后来由于没人愿意出版而搁浅。雨果曾与朋友打赌说自己能在两周内写成一部小说。两周后,他果然拿出了一部中篇《布格·雅加尔》的手稿,这也是他创作的第一部小说。

🔺 油画作品《摩西在尼罗河上》

19世纪的法国图卢兹学院每年都进行设有百合花、金盏花、罗兰花、鸡冠花奖项的诗歌比赛。雨果也参加了比赛。在寄出诗作《凡尔赛的童贞女》后,他又全力以赴地准备角逐最高荣誉的金百合花奖。该奖的命题是《亨利四世铜像光复颂》,雨果曾亲自参与了光复盛典,因而对作好此诗胸有成竹。这首才华横溢的诗作使雨果如愿以偿地登上了金百合花奖的宝座,同时《凡尔赛的童贞女》也获得了金鸡冠花奖。

1820年,维克多·雨果开始与他所崇敬的夏多勃里昂有了交往,这位年老的诗人对维克多·雨果文学的创作和发展起到了很大的指导作用。当年,雨果又向图卢兹学院投递了一首诗作《摩西在尼罗河上》,结果再次获得了金鸡冠花奖。年仅18岁的维克多·雨果因连中三元而成为了图卢兹学院的青年院士,并由此名震巴黎。

浪漫派文学领袖

1818 年 8 月,雨果爱上了母亲朋友的女儿——阿黛儿。阿黛儿也被多情的雨果所感染。在不能见面的时候,他们便用书信表明自己的爱慕。诗成了雨果手中的"丘比特之箭",每一封信都透着激情与缠绵。

1820 年 1 月,雨果一家搬到了巴黎市的美季埃路 10 号。6 月 27 日,母亲索菲因患肺病离开了人世,这对雨果打击很大。

1822 年 4 月,雨果通过诗界朋友的帮助和自己的辛勤创作,终于得到了国王的许诺,给他一个职位并付给他一笔年金。这年 6 月,雨果的诗集《短歌集》出版了,并得到了 750 法郎的版税。

《短歌集》(青年时,雨果为歌颂皇室所写的诗,含有《亨利四世铜像光复颂》)的一版再版,使他赢得了国王的年俸。而这本《短歌集》作为维克多·雨果"献给我最亲爱的阿黛儿"的证物,也为这段浪漫的情缘做了"红娘"。

↑ 阿黛儿

1822 年 10 月 12 日,雨果与阿黛儿在圣绪尔皮斯教堂举行了婚礼。第二年 2 月,雨果的呕心之作《冰岛的凶汉》终于出版了。雨果以 1 000 法郎的价格将小说手稿卖给了一个破产的波桑侯爵,但他最后却只得到 500 法郎的稿酬,因为波桑侯爵再也无力支付剩余的 500 法郎了。

《冰岛的凶汉》出版后,得到了社会的关注。学术界对雨果的才华和眼光的犀利、遒劲的文笔以及对史料的谙熟与运用的肯定,都令年轻的雨果深受鼓舞。好友阿尔弗雷德·维尼致信向雨果表示了祝贺,称他"创造了一部优美的、伟大的、不朽的作品"。

被称为"法兰西诗神"的雨果第一次因为诗,赢得了声誉,而且几乎每次都是诗把他

↓《冰岛的凶汉》是一部充满了凶杀、魔鬼、绞架、刽子手和刑罚等奇异故事的小说

伟大而博爱的心灵之光释放出来。

1827 年，雨果完成了一个献给他父亲的剧本《克伦威尔》，但由于作品篇幅太长而不宜演出。为了发表自己对当时剧作的观点和对文字运用的认识、见解，雨果为他的《克伦威尔》撰写了序言。

1827 年 12 月，《克伦威尔》剧本连同序言一起发表。想不到的是这篇序言所引起的反响却远在剧本之上，特别是在青年中，受到了空前欢迎。

雨果虽然没有到过东方，但在 19 世纪 30 年代却写出了《东方集》。在这部诗集中，诗人将西班牙的壮丽景色融入进去，实现了"浪漫主义的团结"。

这篇为《克伦威尔》所撰写的序言，阐明了雨果最终的选择和立场。他创建了自己的浪漫主义表现方式，陈述了浪漫主义的文艺纲领，旗帜鲜明地向古典主义展开全面进攻，成为浪漫主义运动的宣言。自此，雨果被拥戴为浪漫派文学领袖。《克伦威尔》序言被认为是法国浪漫主义的宣言，成为文学史上划时代的文献。它对法国浪漫主义文学的发展起了很大的推动作用。

在文学帝国中，诺第埃的摄政时代宣告结束，拉马丁、维尼、雨果成为领衔人物。而在三巨头中，雨果无可争辩地成为首席执政者，接过了引领法兰西文学发展的指挥权。

1829 年初，雨果出版了《东方集》。作品以无尽的幻想、执著的对自由的追求以及对人民的热爱为基调。这本诗集使雨果成为法国诗坛不容置疑的大师，同时，也赢得了画家、雕塑家的赞颂。出版商波桑以 3 600 法郎的价格买下了《东方集》初版的版权，给雨果带来了经济上的富足。

经典漫画第十八期封面为《巴黎圣母院》

《巴黎圣母院》

1829 年 2 月，大仲马的浪漫主义剧作《亨利三世》的首演成功，更激起了雨果征服剧院的旧梦。他为此写出了《玛丽蓉·德·洛尔墨》，但此剧因为被怀疑是影射国王而未能获准演出。就在这时，雨果开始了另外一出悲剧《欧那尼》的创作。

　　这部悲剧写的是西班牙王国的一位大贵族的公子欧那尼落入绿林，成了一个要报杀父之仇的叛逆分子。他与当时的国王共同追求贵族女子唐娜·莎尔，并最终在爱情上战胜了国王。他的另一情敌老伯爵吕·古梅斯却在他成婚之夜，利用欧那尼曾许以他的生杀大权，逼他自杀，意图夺取他的爱人，欧那尼万般无奈遂与莎尔双双走向死亡。

　　首演取得了辉煌的胜利，剧场每晚座无虚席，票房收入也一直居高不下。

　　《欧那尼》成功上演后，蜂拥而至的拜访者令雨果应接不暇。最后，他不得不搬到让·古戎街一所单独寓所居住，开始着手于《巴黎圣母院》的创作。

　　1831 年 1 月 14 日，伟大的作品《巴黎圣母院》终于完稿，这篇小说毋庸置疑地成为他浪漫主义文学的代表作。

　　《巴黎圣母院》以 15 世纪的法国为背景，充分展现了当时的宗教、人文环境和社会风俗。小说的情节曲折离奇，紧张生动，变幻莫测，富有戏剧性和传奇色彩。

　　小说中的故事发生在中世"愚人节"那天，流浪的吉卜赛艺人在广场上表演歌舞，有个叫爱丝美拉达的吉卜赛

↑巴黎圣母院的驼背敲钟人（加西莫多）

姑娘吸引了来往的行人，她长得美丽动人，舞姿也非常优美。这时，巴黎圣母院的副主教克罗德·弗罗洛一下子对美丽的爱丝美拉达着了迷，他内心燃烧着情欲之火，疯狂地爱上了她。于是他命令教堂敲钟人，相貌奇丑无比的卡西莫多把爱丝美拉达抢来。结果法国国王的弓箭队长法比救下了爱丝美拉达，抓住了卡西莫多。他把敲钟人带到广场上鞭笞，善良的吉卜赛姑娘不计前仇，反而送水给卡西莫多喝。

　　敲钟人虽然外貌丑陋，内心却纯洁高尚，他非常感激爱丝美拉达，也爱上了她。天真的爱丝美拉达对法比一见钟情，两人约会时，弗罗洛悄悄在后面跟着，出于嫉妒，他用

刀刺伤了法比,然后逃跑了。爱丝美拉达却因谋杀罪被判死刑。卡西莫多把爱丝美拉达从绞刑架下抢了出来,藏在巴黎圣母院内,弗罗洛趁机威胁爱丝美拉达,让她满足他的情欲。在遭到爱丝美拉达的拒绝后,弗罗洛把她交给了国王的军队,无辜的姑娘被绞死了。卡西莫多愤怒地把弗罗洛推下教堂摔死,他拥抱着爱丝美拉达的尸体也死去了。

在这部小说中,雨果创立的是实践对比原则的典范。作者塑造出的卡西莫多、爱丝美拉达、弗罗洛等形象,人物性格鲜明、典型,命运发展具有极强的时代意义,对他们的细致描写,充分显现了作者用浪漫手法剖析现实的世界。

在 19 世纪 30 年代的世界文坛上,拜伦已去世好几年,歌德与瓦尔特·司各特也已站到了死亡的门口,夏多勃里昂和拉马丁则默默无闻。而《欧那尼》《巴黎圣母院》的发表确立了雨果在世界文坛上的首席地位,但是巨大的文学成就也为他招来了很多烦恼。

与妻子感情的日渐冷淡,与评论界关系的不融洽,巴黎街头人们的风言碎语……这一切,使雨果面对暮秋,不免产生阵阵悲凉之感。他将这些悲痛转化成了没有骚动和喧嚣的诗。这是一些宁静平和的诗句,也是描写家庭、个人生活和内心世界的诗句。每一句都浸透了诗人无可奈何的忧郁,每一句都用深情敲击着读者的心灵。

这一年,雨果写下了《秋叶集》《落日》《何处是幸福》《最后一言》等沉郁的诗作。多重感情带来的悲痛,以其完美而又朴素的形式倾注在了诗句中。

在抒情诗集《秋叶集》中,维克多·雨果将自己全部的感情都倾注在了孩子们身上。他描绘了美丽的大自然,描绘了天真淳朴而可爱的儿童。他在其中一首献给孩子们的

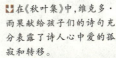

↰ 在《秋叶集》中,维克多·雨果献给孩子们的诗句充分表露了诗人心中爱的孤寂和转移。

诗中写道："孩子，你是晨曦，我的灵魂是原野"，"你呼吸的时候，原野里最柔美的花儿散发香气……"这些诗句表露了诗人心中情感的孤寂和爱的转移。与此同时，雨果也尽情倾诉了自己的爱和对爱情的回忆与迷茫。

↑ 朱丽叶成为雨果后半生中最忠实的朋友兼伴侣

当雨果在家中已感受不到温情时，一位圣马丁剧院的演员——朱丽叶闯入他的视野中。1834 年，雨果和朱丽叶双双频频出现在巴黎的各种公开场合中，他们似乎已经形影不离了。在以后的 50 多年里，朱丽叶一直是雨果最忠实的听众和抄写员，朱丽叶的家也成了雨果人生中温暖的港湾。

早在少年时代，雨果就曾发过"不成为夏多勃里昂，我誓不为人"的誓言。而他的偶像夏多勃里昂先生曾担任过法国贵族院议员、大使、外交部长，雨果希望自己也能踏上这条路。

1841 年 1 月 7 日，雨果终于当选为法兰西文学院院士。对于雨果来讲，当选法兰西文学院院士只是他成功迈向政坛的第一步。那时，雨果时常有机会觐见国王。1845 年 4 月 13 日，国王一道旨令使"雨果子爵"进入了贵族院，他的从政愿望终于实现了！

1843 年 9 月 4 日，雨果之女莱奥波尔迪娜与她的丈夫在度假中意外死亡，这给了雨果沉重的打击。

代表作《悲惨世界》

↑ 珂赛特

1845 年 11 月，雨果开始创作《悲惨世界》。当时社会上正流行批判社会黑暗的小说。欧仁·苏的长篇小说《巴黎的秘密》获得了轰动性的成功；巴尔扎克的《人间喜剧》也博得了很高的评价。此外，乔治·桑的《木工小史》《安吉堡的磨工》也给了雨果不少启迪。于是，他又开始继续写他的《悲惨世界》。

但 1848 年 2 月爆发的二月革命，使《悲惨世界》的创作被迫中断，而且一搁就是 12 年。

1861 年 5 月 30 日，雨果终于完成了这部杰作。脱稿后，雨果与比利时年轻的出版商阿贝尔·拉克卢瓦签订了合同。对方支付 30 万法郎买下了 12 年的版权。1862 年 4 月 3 日，《悲惨世界》的第一部正式出版，小说获得很大成功。

小说的情节大致是这样的：

吃，他发誓一定要向社会复仇。这时，一个叫米里哀的主教感化了他，他决心行善积德，做一个好人。

他化名马德兰，在一个城市办了个工厂，成为富翁。他为贫穷的人提供就业机会，给他们饭吃，给他们房子住，他处处乐于助人，被市民们选为市长。这时，市里来了一个叫芒汀的姑娘，她原是农村姑娘，到城里做工，被人诱骗生下一个女儿。她把女儿珂赛特寄养在一个旅店老板家中，老板是个恶棍，趁机敲诈她，芒汀被迫卖掉美丽的头发、漂亮的牙齿，又卖身

↑ 布罗德赫斯特剧院复兴的"悲惨世界"成为在世界上运行时间最长的音乐庆祝节目。

当了妓女，最后贫困交加，病得奄奄一息，冉阿让听说后立即去照顾她，答应在她死后抚养她女儿珂赛特。这时，警察沙威正追捕失踪多年的苦役犯冉阿让，在马德兰市，他抓住了一个贫穷的工人，认为他就是冉阿让，准备把他送进监狱，为了救这个无辜的工人，冉阿让挺身而出，主动承认了自己的身份。他又落入警察手中，去监狱的路上，他设法逃脱了。

冉阿让马上找到珂赛特，带着她躲在一个偏僻的修道院里。多年过去了，珂赛特已长成了一个漂亮的大姑娘，她和一个共和党人马吕斯相爱了。1832 年，巴黎爆发了共和党领导的起义，遭到七月王朝的血腥镇压，马吕斯身负重伤，冉阿让冒着生命危险通过下水道把他救了出来。这时，沙威混进起义者队伍进行侦查，被抓住后判处死刑，由

世界大文学家成功故事

冉阿让去执行命令,枪毙沙威,但冉阿让却把沙威放了。沙威在冉阿让的高尚人格前羞愧难容,投河自杀。

珂赛特和马吕斯结婚了,年轻人非常幸福。冉阿让一个人过着孤独的日子,最后他死在了珂赛特的怀里。

《悲惨世界》揭露了资本主义社会的尖锐矛盾,描写了下层人民的痛苦命运,提出了当时社会的迫切问题。全面反映了 19 世纪前半期法国的社会政治生活。

至 1862 年 6 月 30 日,《悲惨世界》的 5 个部分相继出版。小说在巴黎卷起了狂潮,一时之间,巴黎纸贵。此后,《悲惨世界》这部作品在整个世界上都掀起了波澜。时至今日,100 多年过去了,它的每一页文字都依然鲜活。

流亡之路

19 世纪 40 年代末,欧洲就像一个动荡不安的战场,而法国则处在革命的最前线。1848 年,法国由奥尔良公爵执政已经有 18 年的历史了,人们已经厌倦了他腐朽的统治,国内随处可闻改革的呼声。而此时路易·菲力浦却指责人民的热情是"极端错误"的。

这时的雨果正以一种文学家的超然态度关注着眼前的运动。国王希望他能站出来,与正效力于革新运动的拉马丁相抗衡,结果遭到了他的拒绝。

路易·波拿巴是拿破仑一世的侄子,也称为拿破仑三世。1848 年临时政府镇压巴黎工人起义后,于 12 月举行总统选举,他当选为总统。

1848 年 5 月 15 日,巴黎民众举行了声势浩大的游行,却遭到临时政府的残酷镇压。26 日,雨果在致选民的公开信中,阐明了希望"全体法兰西人神圣统一"、"平等和博爱"的观点,最终,他当选为制宪议会议员。在选举中,还有一个人——路易·波拿巴与雨果同时当选。路易·波拿巴是拿破仑·波拿巴的侄子,因在监狱里写过一本谈论贫困的书,而被鼓吹成了一个"有民主思想的亲王"。

6 月 23 日,巴黎民众又举行了大规模的起义,最终刽子手的枪炮扼杀了人民的起义。8 月 1 日,雨果在国民议会上发表演说,抗议共和国对出版自由的限制。随后,他创办了《时事报》。

1848年12月20日,"最平庸的人"——路易·波拿巴——当选为共和国总统。1849年春,欧洲的反动势力相互勾结起来镇压革命。法国作为刽子手中的一员参加了这极不光彩的丑剧。波拿巴派共和国军队去罗马镇压革命的行动激起了以罗兰为首的共和党人的强烈反对。雨果支持罗兰的看法,在以后共和党人领导的游行中,军队镇压了革命,使法律蒙上了一层血污。

形势的变化,使雨果清醒了。在革命中,雨果成了共和党支部的领袖。一向支持波拿巴的他,由于波拿巴对内镇压、对外侵略的行径而使他们变成了死敌。

1851年7月,波拿巴要求修改宪法,延长总统任期,并妄图称帝,遭到了雨果和左派议员的一致反对。于是,雨果成为路易·波拿巴实现野心的最大障碍。

《惩罚集》

雨果很快便处在警察的搜捕中,他的处境十分危险。无奈之下,雨果选择了逃亡。12月11日晚,雨果带着手稿,告别了自己深爱的巴黎,踏上了去布鲁塞尔的路。

自此以后,雨果的大部分时间都被创作戏剧和小说占据。直到1852年,诗人流亡至杰西岛。为了反对拿破仑三世,他将自己在海滩、在山丘的深思,以及自己用一个秋天写下的《这是黑夜》《赎罪》《良心》《基督初次接触坟墓》等作品一并收编,最终定名为《惩罚集》。诗人像一个英勇的战士,用利剑来面对专制,用战斗来赢得自由,让读者感受到的是他无尽的愤怒。

从离开巴黎的那一刻起,雨果开始了长达19年的流亡生涯。抵达布鲁塞尔后,他便开始了《一件罪行的始末》的创作。他要用纸和笔揭露路易·波拿巴的滔天罪行,把他的丑恶嘴脸暴露出来。他十分关心巴黎的情况,经常写信给阿黛儿,让她把巴黎的最新动态告诉自己。

1852年,雨果加紧了《一件罪行的始末》的创作工作。书写完后,迫于法国的压力,没有人敢印刷此书。雨果并未灰心,却加紧了另一部著作《小拿破仑》的创作。这本书

1852年，雨果在布鲁塞尔的住所

内容精练，言词尖锐，一个月便一气呵成。

书出版后，路易·波拿巴大为恼怒。他致函比利时国王，对雨果客居比利时表示不满。为讨波拿巴的欢心，比利时当局通知雨果3个月内离境。而雨果没等比利时下逐客令，便已登上了驶往伦敦的海轮，准备由伦敦前往杰西岛。

8月2日，船到伦敦，雨果又会见了伦敦的马克尼、赫尔岑等流亡者。同一个目标——建立自由的共和国使他们踏上了相同的流亡之路。8月5日，他们抵达杰西岛。在杰西岛上，雨果继续用他的诗句猛烈鞭挞着扼杀自由的波拿巴，他写出了《惩罚集》。虽然这部诗集也遭查禁，但同《小拿破仑》一样，它还是通过各种渠道流入了法国。

1855年10月31日，迫于《惩罚集》的影响，雨果乘船离开杰西岛，前往格恩济这处自古就是流亡的土地。在格恩济岛上，雨果进行了大量的后期创作。《海上劳工》《笑面人》《九三年》等享誉世界的著作都问世于此。

上岛后，雨果经常同当地渔民进行长时间的交谈，并忙于整理他的新作《静观集》。由于《静观集》内容的政治色彩不太明显，各图书出版商都抢着出版。《静观集》于1856年春问世后，各地很快便出现了抢购的场面。

《静观集》的出版，不仅为雨果带来了声誉，也为他带来了巨大的经济收益。《静观集》中的《过去》《今天》等作品笔调各异，而且《预言家》《阴影巨嘴的启示》这几篇诗作更堪称法兰西的抒情杰作。此后，他的《做祖父的艺术》等诗作相继问世。

《静观集》出版的成功使雨果和巴黎的距离更近了，他

的消息来源中时常会有从巴黎传来的最新的文艺动态。

1870 年的法国面临着内忧外患,此时的雨果对于当官或被暗杀都已无所顾忌了。就在这年 7 月,普法战争爆发了。

9 月,雨果离开布鲁塞尔,他将要回到久别的祖国。19 年了,罪恶的势力把他赶出国门,现在德、意的铁蹄践踏了祖国,侵略的火焰焚烧了家园,雨果义无反顾地归国投身于护国战争中。

回到巴黎后,雨果挑灯夜战,写下了《致德国书》。虽然语言的力量不能使侵略者放下屠刀,但他要用语言来号召法国人拿起武器,把侵略者赶出国门。接着,雨果又发表了《告法国人民书》。

就在法国军民英勇作战时,政府却发生了可耻的叛变,调转枪口对准自己的人民。10 月 30 日晚,有人告诉雨果,巴黎发生了暴动,市政厅已被国民自卫军占领。此时,市政厅里共和党的两派又为领导权的问题争论不休,而敌人已经开始炮轰巴黎了。这一年的冬天,巴黎彻底断粮了。雨果和他的家人在巴黎忍受着饥饿。

1871 年 1 月 21 日,法国签订了丧权辱国的和约,法国被迫割让阿尔萨斯和洛林。1 月 28 日,法德停战。

2 月 8 日,法国举行了国民议会大选,雨果当选为大会代表。3 月 1 日,在波尔多召开的会议上,他仍反对割地求和,并坚信伟大的祖国不会屈服。此时,雨果的儿子查理却突发脑出血而死。3 月 18 日,雨果将儿子的遗体运回巴黎,处理善后事宜。这时,他的身边只有朱丽叶、儿子弗朗索瓦、查理的妻子阿丽丝和两个孙儿,雨果感到了说不尽的孤寂。

1871 年 3 月 18 日,法国工人阶级建立了世界上第一个无产阶级政权——巴黎公社,但最终它被封建主义伙同资产阶级势力联合镇压,公社社员 2 万余人大部分壮烈牺牲。下图是马克西米里安·吕斯的作品《1871 年 5 月巴黎街头》。

暮年英姿

1871 年 5 月 28 日,巴黎公社的革命在凡尔赛军队的狞笑声中宣告失败。无数革命者被杀,幸存的人也面临着被流放、被迫逃亡的厄运。雨果虽不理解巴黎公社运动,但在人民的生命与自由受到胁迫时,他忍不住又在布鲁塞尔大声疾呼。这让比利时反动派大为恼火,同时更认为雨果只会惹是生非,便把诗人驱逐出境。于是,雨果来到了卢森堡的维昂当。

1872 年 11 月 21 日,雨果正式开始了晚年的重要作品——长篇小说《九三年》的创作,这也是他的最后一部小说。为了集中精力进行写作,雨果又回到了他的宁静之岛——格恩济岛。两年后,《九三年》完稿了。这部小说以雄浑的笔触真实地再现了 18 世纪末的法国历史面貌,是描绘法国大革命的一部史诗。作为浪漫派的领袖,雨果的浪漫手法在《九三年》中得到了充分的表现,而小说的技巧在《九三年》中达到了更成熟的地步。

1874 年 1 月 9 日,年迈的雨果出席了法兰西文学院会议。此时他依然身体硬朗。1876 年 1 月,雨果竞选参议院席位,在选举的第二阶段便顺利地入选了。进入参议院的雨果把它当成自己的又一个战斗阵地。首先他要求"赦免公社社员",这一提议遭到了议员们的攻击。他呼吁工人团结,这又使他成了工人最亲密的朋友。

1878 年 6 月 17 日,世界文学代表大会在巴黎召开,雨果担任主席主持大会并发了言。6 月 27 日至 28 日夜,76 岁高龄的雨果出现了轻微的脑出血症状。

1883 年 5 月 11 日,雨果的亲密伴侣朱丽叶患胃癌去世了。雨果悲痛万分,几乎失去了生活的欲望。两年后的 5 月,雨果染上肺炎,病情十分严重。5 月 22 日,这颗 19 世纪的文坛巨星殒落了。

为了悼念这位世界性的文学大师,法国政府决定为雨果举行规模盛大的国

大仲马、雨果、乔治·桑、帕格尼尼、罗西尼等人聚在雨果的沙龙里一起聆听李斯特弹奏钢琴

世界大文学家成功故事

1885 年 5 月 31 日，巴黎凯旋门旁的明星广场上搭起了一个黑色灵台，几十万巴黎群众在这里向这位雄踞时空的文学巨人告别。

葬。灵车静静驶向了先贤祠，200 万人自发组成的送葬队如一条河流缓缓地流动着。空中响彻着"雨果万岁！"的呼声，低缓的哀乐飘荡在巴黎的上空，也飘荡在全世界人民的心中……

大 事 年 表

1802 年	2 月 26 日,维克多·雨果诞生在法国贝桑松城。
1814 年	进戈尔迪寄宿学校上学。
1822 年	诗集《短歌集》出版。
	与阿黛儿在圣绪尔皮斯教堂举行了婚礼。
1827 年	完成剧本《克伦威尔》及其序言,其序言被认为是法国浪漫主义运动的宣言。
1829 年	年初,出版诗集《东方集》。开始创作《欧那尼》。
1831 年	完成浪漫主义文学杰作、长篇小说《巴黎圣母院》。
1841 年	当选为法兰西文学院院士。
1851 年	带着手稿,逃离巴黎。
1852 年	充满讽刺政治意味的诗集——《惩罚集》出版。
1862 年	出版名著长篇社会小说《悲惨世界》。
1870 年	结束 19 年的流亡生活,回到巴黎。
1876 年	当选参议员。
1885 年	5 月 22 日,病逝巴黎。

安徒生

　　一只出身平凡的丑小鸭历尽艰险终于成长为白天鹅，这个感动过无数人的《丑小鸭》的故事正是安徒生自己人生经历的生动写照。他一生受尽艰难困苦，却不屈不挠奋斗不止，终于成为最受全世界儿童喜爱的童话作家。安徒生童话已经成为经典童话的代名词，在全世界拥有仅次于《圣经》的发行量，一代又一代的孩子在他的童话中长大。安徒生和他的脍炙人口的童话在文学史上闪耀着圣洁的光芒，人们因喜爱而传承，直到永远。

鞋匠的儿子

⬆ 安徒生把这些木偶打扮成剧中的人物，用他们来表演剧中的故事。

⬆ 小时候的安徒生总是幻想自己来到了古阿拉伯传说中的那个神秘的世界。

丹麦人民是一个极富想象力的民族，他们创造出了许多美丽的传说。坐落在富恩岛上的丹麦第三大城市欧登塞的名字就是来源于一个传说。

19世纪初的欧登塞，大约有五六千居民。在市中心的东西大街上，坐落着几幢古老的官邸，雕花的铁门，宽阔的台阶两旁装饰着的石雕如画一般。贵族们常在这里过冬，夏天则到乡下的庄园里避暑。而这里大部分居民则是下层贫民，他们栖身在郊区矮小破旧的小房子里。贫困笼罩着四周，济贫院里挤满了贫病交加的老人，大街上走动着许多走投无路沿街乞讨的孩子。

1805年4月2日，欧登塞家家户户门前悬挂着丹麦国旗，市民们过节似的穿着盛装在街头载歌载舞，纪念4年前那场著名的海战。这一天，在这个城市的一间矮小的平房里，未来的童话之王汉斯·克里斯蒂安·安徒生来到了人间。他的父亲是个鞋匠，母亲是一位普通的家庭妇女。

七八岁时，安徒生已经开始懂得许多事情了，但由于他家所处的阶层没有资格让他进去读书。他阅读家里仅有的《一千零一夜》《拉·封丹寓言》和莎士比亚的作品，在美丽的传说中，安徒生常常处于梦幻般的想象中，忘记了一切。

19世纪初，拿破仑战争的风云席卷了整个欧洲，法兰西帝国的胜利给法国及其附庸国家的人民带来不堪忍受的重担。而作为弹丸之地的丹麦在英法两个实力强大的帝国之间则小心翼翼地保持中立。1801年至1807年，英国舰队曾先后两次闯入松德海峡，企图用武力使丹麦倒向自己的一边。然而最终，丹麦却成为法国的附庸。拿破仑要求丹麦政府为他招募新兵,并对丹麦进行经济侵略。

1813 年秋,丹麦政府又一次招募新兵,安徒生的父亲汉斯为了换取钱财供妻儿生活,替一个有钱人的儿子当了兵。他父亲所在的雇佣兵第三营出发来到了南部边境,还未走出国门,便传来了拿破仑大军在滑铁卢战斗中大败的消息。于是,父亲又返回了欧登塞的家。然而连日的奔波和折磨人的军旅生活使父亲汉斯的健康受到了严重的损害,不久便去世了。父亲的离去使安徒生突然间成熟了很多,他越来越喜欢独自沉思和幻想。

父亲去世后,安徒生一家负债累累。1818 年,母亲和一个名叫尼里斯·龚杰生的鞋匠结了婚,安徒生一家搬到了另一条街上。在那里,安徒生从一个老奶奶口中听说了一个神奇的国度——中国。老奶奶说中国就坐落在这条河的对面,那是一个很大的帝国,有着威风的皇帝和美丽的公主。这个故事将安徒生带入了一片遐想之中,他常常希望当自己坐在河岸上唱歌时,中国的王子会出现,为他建造一座美丽的水晶宫般的城堡。

此外,医院的老约翰妮满脑子装的都是有趣的故事,对欧登塞的每一块石头,每一棵老树,她都能讲出故事来,安徒生如饥似渴地听着。这些童年的经历,为安徒生日后成为童话之王作了很好的铺垫,他将自己的生活以及无穷的遐想写进了一个又一个的童话故事之中,这些故事传遍了整个世界。

老约翰妮讲述的是一个流传欧登塞的民间传说:一个长满花白胡须的老水神每天都摇响那口巨大的钟,希望有人能来跟他聊聊。后来,安徒生据此事创作出了一篇有趣的童话故事,名叫《钟渊》。

尝试创作

虽然,安徒生总是沉浸在漫无边际的遐想中,但他却不得不时常从梦幻中走出来,面对现实生活。为了减轻母亲的负担,安徒生决定进工厂做事。工作的厂房是一间肮脏而低矮的房子,四边的窗户全用破布堵得严严的,机器

因为心中有了梦想,所以即便是身处绝境,卖火柴的小女孩的脸上也依然会浮出幸福的微笑。安徒生难道不正是如此吗?梦想使他对一切充满了希望,他一定会实现心中的梦想。

轰鸣,人声嘈杂,里面的空气似乎能使人窒息,在这里当徒工的都是欧登塞最底层的穷苦人。每天,少年安徒生都会拖着仿佛要折断的脊背,疲惫不堪地回到家中。

1818年6月,哥本哈根皇家剧院来到欧登塞演出。经过一番周折,安徒生不仅观看了他们的演出,甚至还以一个听差的小男孩的角色出了场。从这之后,安徒生对戏剧更加倾心,他决心当一名演员。一位名叫霍格·古尔登堡的上校发现安徒生的确很有潜力,就鼓励他到皇家剧院所在地首都哥本哈根去寻找出路。

1819年初秋,经过了母亲的同意,14岁的安徒生身上带着仅有的13块钱踏上了前往哥本哈根的旅途。

初到首都,安徒生立即被那些星罗棋布、不同形状的古塔以及宽宽的街道和拥挤的人群所吸引。随后,安徒生急不可待地去拜见芭蕾舞明星沙尔夫人和皇家剧院的经理荷尔斯坦。然而,两次都吃了闭门羹。

于是,毫不气馁的安徒生又去拜访了著名歌唱家西博尼。西博尼是意大利著名歌唱家,他才华横溢,歌声风靡哥本哈根。这次,幸运女神特别光顾了安徒生,西博尼收留了他,并且愿意免费指导他进行声乐学习。然而,命运之神也许有意要让这位未来的童话之王经历更多的磨难。半年后,厄运降临了——安徒生的嗓子坏了。这突如其来的打击无疑在告诉安徒生:一切将从头开始。

这期间,安徒生结识了在大学图书馆工作的纽洛普,得到了自由借阅图书的权利。书籍的海洋简直令他目不

小安徒生听大人说,皇家剧院在首都哥本哈根,那是全国最大的城市,安徒生对此充满了向往。

暇接，他重新通读了莎士比亚、华特·司各特、爱仑士雷革等人的作品。这些作品笔下的人物栩栩如生、故事扣人心弦，使他叹为观止，尤其是丹麦著名的悲剧作家爱仑士雷革的童话剧《阿拉丁和神灯》，是安徒生的最爱，也使他大受鼓舞，他决定开始写诗、写悲剧来倾诉自己对戏剧的眷恋之情。他要用自己的智慧和毅力像"大自然之子"阿拉丁那样去寻找属于自己的"神灯"。

一个半月之后，安徒生先后写出了悲剧《林中的小礼拜堂》和《维森堡大盗》。前者因为他不满意被搁置，而后者则被作者认为"完全够得上皇家剧院的上演水平"。《维森堡大盗》来自欧登塞地区的一则传说：一个强盗头目装扮成一个贵族，成了一个年轻姑娘的未婚夫。后来姑娘偶然来到强盗窝，发现里头堆着无数的金子和宝石。就在这时，强盗们回来了，姑娘藏到了床下……对这个传说，安徒生又做了一些补充和修改，皇家剧院却评价这部作品缺乏基本戏剧知识，不能上演。

不久，安徒生又写出了历史悲剧《阿芙索尔》、小说《帕尔纳托克墓地上的幽灵》，并把它们编成了一个集子《尝试集》。后来，《维森堡大盗》的第一幕发表在《竖琴》报上，安徒生得到了生平第一笔稿费。看来，命运之神已经向安徒生开启了那扇神圣的文学殿堂之门。

教会学校

1822 年 9 月，安徒生迎来了生命中的机遇与转折点，诗人拉贝克和剧院经理古林先生先后找到了安徒生，告诉他，他将得到一笔皇家教育公费去教会学校上学。

原来，《阿芙索尔》被安徒生的一个朋友推荐给皇家剧院以后，剧本被送到诗人拉贝克手里。在看完《阿芙索尔》后，拉贝克发现这个剧本的作者虽然缺乏最基本的文化知识，但却极具潜力和才华。于是，他找到了丹麦当时最著名的导演之一古林先生，想通过古林使安徒生有接受正规教育的机会。

沙尔夫人是当时哥本哈根红极一时的芭蕾舞演员，她在家中接待了远道而来的安徒生。但安徒生此行并未达到期望中的结果，他只好失望地告别了沙尔夫人，继续寻找希望。

假如没有拉贝克的慧眼和古林的极力扶助,安徒生也许就不会有接受正规教育的机会,那么世界上也许就不会有那些充满魅力与活力的童话故事。所以,对于古林,安徒生的感激之情是无以言表的。

1822 年 10 月,17 岁的安徒生离开了他生活了 3 年的哥本哈根,前往斯拉格尔塞的一所教会中学上学。生活中磨难重重的安徒生非常珍惜这来之不易的学习机会,他几乎将所有的精力都投入到了学习拉丁语、希腊语、历史、地理等课程中。对他来说,这是一片从未涉足过的新天地。由于他的勤奋,成绩突飞猛进,第一学年结束时,安徒生各门功课都是"优"。

这所教会学校的主任名叫梅斯林。他是一个矮墩墩的、皮肉松弛的人,性格古怪,喜怒无常。1825 年 10 月,梅斯林为了表示自己对古林先生的尊敬,执意邀请安徒生搬进了自己家。梅斯林对安徒生颇有耐心,帮助他复习功课,给他讲有趣的奇闻。善良的安徒生并不知道,此时只是在他遭受新的折磨之前一个幸福的、短暂的喘息时刻。

1826 年 5 月,不满于现状的梅斯林谋到了赫尔辛格拉丁中学校长的职位,在他的极力劝说下,安徒生随同梅斯林一家离开了斯拉格尔塞,转入赫尔辛格拉丁中学。

初到赫尔辛格,安徒生十分兴奋。他将旅途的感受写成一首诗《傍晚》。但是,赫尔辛格的生活开支比斯拉格尔塞昂贵得多,梅斯林的债务像雪崩一样与日俱增,所以,他就开始向周围的人发泄他满肚子的愤懑,而安徒生便常常成为这种发泄的对象。

随着梅斯林的心境越来越坏,安徒生的日子也一天比一天阴暗。梅斯林把安徒生安排在家中一间又潮又冷的小屋子里,皇家公费给安徒生 200 元的膳食费早已转入梅斯林家里,可很久以来,安徒生却常常挨饿。堆积如山的功课和饥饿使安徒生的身体虚弱到了极点,他的眼睛深深地陷了下去。他几乎再也没有丝毫自由,梅斯林不允许他出去和朋友邻里交往,并疯狂地阻止他写诗、写剧本。当学校放学、大门关闭后,安徒生就像一个刚刚

约那斯·古林是国会议员,也是皇家剧院的导演和经理,他善于团结各种优秀人才。在安徒生的一生中,古林对他的影响和帮助是无法估量的。安徒生对古林充满了感激,他在自传中这样写道:"我在他心中生了根,我的父亲和继父都不比,也不会比他对我更好。"

放过风的"囚犯"。极其难堪的处境使安徒生精神上受到了很大的打击,但这种经历却被他当做了成长道路上的另一种磨炼。

1827 年,安徒生终于告别了在梅斯林身边的黑暗岁月,他返回哥本哈根,在年轻学者缪勒的帮助下,准备大学考试。

哥本哈根大学的诗人

1828 年 9 月,23 岁的安徒生参加了大学升学考试。一个月后,他收到了哥本哈根大学的录取通知书,这是有生以来安徒生最幸福最激动的一天。

1829 年 1 月,安徒生完成了早就构思好的一本书《阿马格岛漫游记》。这本书充满了诗情画意。它既像一首风趣的幽默诗,又像一幅五彩缤纷、异想天开的美丽图画。那些充满幻想的会晤、机智锋利的谈笑,各种奇思妙想就像一根魔力十足的链条贯穿于整部作品中:在空荡荡的、铺着积雪的大街上,徘徊着一只瘦骨嶙峋的野猫,那如怒如诉的"喵喵"声,仿佛在诉说着一位身处空虚、虚伪的猫群中的"青年诗人"的痛苦……

哥本哈根大学

《阿马格岛漫游记》经过了一番不可避免的风波和口舌之后,终于同读者见面了。这本书向世人显露了安徒生非凡的文学才华,也给他带来了渴望已久的成就。人们争相购买、朗诵,并且议论这本书,甚至连丹麦当时青年学生崇拜的偶像海堡也给予安徒生以高度的评价。海堡的赞扬无疑成为了安徒生获得诗人称号的证书。

1830 年初,安徒生出版了第一部诗歌选集。这本诗集的出版进一步确立了安徒生作为一个诗人的地位。几年后,安徒生顺利通过了哥本哈根大学的全部考试,获得了学士学位。

1831 年春天,由于受到保守学者的攻击,心情郁闷的安徒生决定离开丹麦前往德国北部做一次为期两周的旅行。异国有着别具风格的景色：被风吹歪的小树林、可爱的砖屋、小茅草房、广阔的农场和散布在大片落叶林中的无数个小湖泊……这一切是那么的奇异。清新的空气、美丽的风光简直是治愈心理疾病的最好药物。不久，安徒生就像欢迎候鸟似的迎回了愉快的心情。

两周后，他回到了丹麦。虽然安徒生依旧受到攻击，但他还是坚持用自己独特的风格写下了旅途的感受——《旅行剪影》。

出身卑微、生性敏感、饱受生活磨难的安徒生一生都没有过婚姻生活，但这并不能说这位忧郁的丹麦人没有过对爱情的渴望。他爱上了一个有着蓝色眼睛、声音像竖琴般悦耳的姑娘——露易莎·古林。

露易莎是安徒生最为尊敬的保护人古林先生的女儿，她性情文静，待人温柔谦和。虽然露易莎是安徒生最好的倾诉对象和读者，却由于古林一家的阻挠而没能结为伴侣。

↑ 1833年，温柔的露易莎·古林小姐与他人订婚，使安徒生饱尝失恋的痛苦。

在爱情上遭遇失意的安徒生把全部的精力投入到了写作，他完成了新诗《一年的十二个月》的写作。

1833年，安徒生带着新出版的诗《一年的十二个月》拜见了丹麦国王，并提出需要一笔旅行津贴费的申请。结果，安徒生在众多类似的申请人当中得到了国王的垂青，获得了一笔皇家旅行津贴。

这年春天，安徒生离开了熟悉的街道和灰暗的生活，他要穿越德国前往法国。在歌德的故乡法兰克福，哥特式的老式尖拱顶的房子、中世纪的市政厅以及满载着浪漫传说的优美的莱茵河都令安徒生流连忘返。5月10日，安徒生到达了法国首都巴黎。在这座迷人的城市里，他先后参观了闻名遐迩的凡尔赛宫、罗浮宫和庄严雄伟的巴黎圣母院。安徒生还结识了许多艺术大师，著名诗人海涅的和蔼可亲令安徒生大为感动，而雨果作品中那些激动人心的画面和戏剧般的人物更使他着迷，他曾一连数天前往《巴黎圣母院》中的那座教堂，想象着雨果笔下的那些动人的故事……

8 月中旬,安徒生离开巴黎前往瑞士。在一个坐落于崇山峻岭之中宁静幽雅的小城里,安徒生继续创作着他的抒情诗剧《亚格涅特》。

抒情诗剧《亚格涅特》构思始于巴黎,安徒生又在当初那个单纯情节的古老歌谣里面加入了许多新的内容。美丽的少女亚格涅特周围出现了许多新形象:被遗弃的未婚夫,残暴的地主,会卜卦的老太婆……他想借亚格涅特寂寞失意的一生来倾诉心中的渴望和忧伤。少女亚格涅特离开人间 8 年后,因为想念亲人,想念绿色的土地,想念灿烂的阳光,于是,她毅然离开了水神和孩子。但是人事沧桑,这 8 年中,人世间发生了翻天覆地的变化,这些变化让她倍感陌生。最后在永恒的浪涛中,亚格涅特结束了年轻的生命。

虽然《亚格涅特》写于瑞士的崇山峻岭之中,但是安徒生却让她拥有着一颗纯粹的、属于丹麦的灵魂。在将作品寄回祖国的同时,他这样写道:"我把我心爱的孩子寄回祖国,请多加爱护。"

构筑童话宫殿

1834 年 8 月,安徒生结束了近一年半的欧洲游历,回到了哥本哈根。出于对评论界讥讽他为"即兴诗人"的还击,他写出了在意大利时就构思好的长篇小说《即兴诗人》。主人公安东尼奥似乎正是作者的化身,他是一位贫寒的青年诗人,为了追求幸福,经历了种种磨难。在这部作品中,安徒生抓住每一个机会,将他在游历中的所见所闻神态活现地描绘出来。

1835 年,评论界对安徒生一片否定,认为他已才思枯竭。就在这时,《即兴诗人》出版了。这部小说在国内外引起了巨大的反响,出版商们的钱袋在快速地鼓胀。与此同时,许多评论家也改变了原来的观点,对安徒生给予高度的肯定。他们写道:"如今,他已大摇大摆地登上了他所全然不知的地位,

在艰苦的学习之余,安徒生还是惦记着他的诗歌和戏剧。到斯拉格尔塞不久,他就将自己的两三部作品呈给当地报纸的一个编辑。之后那位编辑给安徒生以适当的评价,特别指出要他一定出色地完成学业,"诗的花冠"才有可能戴在一个凡人的头上。这给爱诗常写诗又遭周围人反对的安徒生暂时的安慰。

凭着《即兴诗人》，他面前已展示出一幅非常灿烂的前景。"

《即兴诗人》完成之后，安徒生终于开始建筑属于自己的真正的宫殿。多年前的情景一幕幕展现在他的面前：蜡烛的火苗摇曳着，墙上不时闪动着稀奇古怪的影子。……如今，这个男孩子已经长大，成为受人尊敬的诗人，这个诗人现在要把童年时的故事从记忆的河流中捕捉出来讲给天下的孩子们听。1835 年 5 月，安徒生的第一部童话集《讲给孩子们听的童话》出版了。这部童话集里收集了《打火匣》《小克劳斯和大克劳斯》《豌豆上的公主》等几篇童话。

在《打火匣》中，作者这样写道：那些穿金戴银的皇亲国戚乘坐在漂亮的马车上，从一个出身卑微的士兵身边呼啸而过，根本不把他当一回事，因为他一分钱都没有。士兵唯一的财产就是一个会冒烟的烟斗和一个从魔窟里得到的旧的打火匣。可是后来，士兵终于成了国王，娶了漂亮公主为妻。这全靠那个旧的打火匣给主人帮了大忙……

《大克劳斯和小克劳斯》写的是没钱的小伙子小克劳斯，把有钱而又贪婪的大克劳斯狠狠捉弄了一番的故事。安徒生童话中所包含的哲理非常的深刻。

《豌豆上的公主》

第一部童话集的出版为无数孩子的心灵插上了幻想的翅膀，却遭到了成年人的攻击，但这却不能改变他要为未来一代做些事情的理想。他仍然不声不响地沿着这条已经开辟了的道路向前走去。

1835 年 12 月，安徒生又出版了第二部童话集，其中包括著名的《拇指姑娘》等 3 篇童话。

《拇指姑娘》写的是在一朵美丽的郁金香的绿色花蕊上坐着一个只有半个拇指长的姑娘，人们叫她"拇指姑娘"。她乘坐在一片睡莲叶子上航行。人们以为她是一只畸形的五月金龟子，事实上她和金龟子毫无相

↑《拇指姑娘》

似之处！而那只穿着天鹅绒袍子的高贵的鼹鼠和日夜忙碌的田鼠（它们的言谈多么像哥本哈根那些凡夫俗子），却拿自己那套可怜的"至理名言"去开导她。一天，拇指姑娘勇敢地救活了一只垂危的燕子，燕子为了报答她，把她带到阳光明媚的意大利。在意大利大理石柱子的废墟旁，有一大丛美丽的白花，花丛里坐着一个体态轻盈的小小的男子，他就是爱尔菲仙人……

安徒生的这些充满绮丽幻想和乐观精神的童话故事使孩子们喜爱不已，好多家庭都买了这部童话集。可是评论界对安徒生的态度依然是冷漠的，他没有得到应有的赞扬和支持，安徒生又把希望寄托在写小说上。

光明与黑暗

1837 年初春的气息使安徒生渴望漫游远方的思绪又在心中油然升起。这时，他又想起了自己的《亚格涅特》。当年他的女主人公扔下了水神和自己的孩子，返回了人间。现在，那些孩子还好吗？安徒生在这个故事的基础上，写下了让世人为之哀惋的《海的女儿》。

这些人鱼由他们的老祖母抚养着，他们过着幸福宁静的生活。可是后来，亚格涅特几个女儿的心中对那遥远的、美好的、不甚了然的世界骤然燃烧起一种思念之情。尤其是那个最小的人鱼公主，她执著地渴望着一种强烈的、真正的爱情，这种爱情会给她一个不朽的灵魂。

人鱼仅仅是幻想的产物，然而安徒生故事中的人鱼却非常引人入胜：善良的小人鱼公主是那样热烈、忘我地爱上了英俊的王子，王子不加考虑地接受了她忠诚的爱。最后，人鱼公主为了这"无言的爱情"，牺牲了自己的生命。

小人鱼是那么的纯洁、善良，她对王子的爱深沉而又

↑《海的女儿》：在绚丽的海底世界，有美丽的珊瑚、水草、神通广大的巫婆，还有欢快活泼的人鱼家族。美丽的小人鱼是那样热烈、忘我地爱上了英俊的王子。她那么纯洁和善良，即使变成哑巴，失去了生命，对王子的爱仍是深沉而又无私……

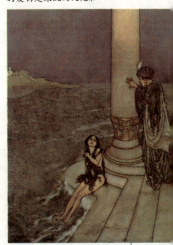

《坚定的锡兵》中讲述的是，只要有意志，克服种种困难，就会有幸福的生活。

无私。从小人鱼身上，人们似乎看到了另一个安徒生，他富有激情、勇于追求幸福。然而，在现实世界中，长相丑陋、出身卑微、生活贫寒的他却不敢谈婚论嫁，不敢追求美好的爱情。也许，沉浸在童话世界中的安徒生，才是更加真实的他。

1839年12月，丹麦国王斐特烈六世驾崩，即位的克里斯蒂安八世仍然维护着他唯一的希望支柱——封建专制制度。然而，地主的压迫、沉重的苛捐杂税迫使农民们不得不发出反抗，持续了200年之久的丹麦专制政体已经开始走向灭亡。

如今，安徒生已是丹麦一个出版了3部长篇小说，3部童话集和一些诗剧的著名诗人兼作家了，可他却依然在贫困线上挣扎。在这段时期的自传中，安徒生写下了这样一句话："为了活命，我总不得不考虑第二天。"

1839年，安徒生先后推出新的童话第一集的第一部和第二部。其中收录了《坚定的锡兵》《鹳鸟》等童话故事。

同年，安徒生几乎花费了一年的心血编写了一部剧本《混血儿》。这部剧本取材于法国女作家莱波的中篇小说《奴隶》。剧本描写了心胸开阔而喜欢幻想的主人公、混血儿戈拉齐奥的苦难经历，一个年轻的法国少女塞西莉亚爱上了戈拉齐奥，并把他从奴隶的枷锁中解救出来。

1840年2月，《混血儿》首次上演即获得了空前的成功，甚至在国外反响也极为强烈。后来安徒生在瑞典出游时，一些大学生还为他举行了公开聚会，发表演说，并授予他荣誉证书，这一切令安徒生激动不已。在国内，一些人指责安徒生的《混血儿》是抄袭之作，认为一个鞋匠的儿子居然要爬进上

《皇帝的新衣》创作于1837年，故事深刻地揭露了统治阶级的虚荣和愚蠢。

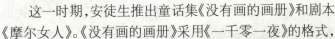

流社会是绝对不合适的。这样的诋毁传到了瑞典，人们对此说法愤愤不平。一家报纸上称安徒生是"一位最值得尊敬的丹麦的儿子……整个欧洲将把自己的砝码放在他的一端"。而安徒生自己也发出了义正词严的申辩："不错，我的父亲是一个正直的手艺人。我所获得的一切，是靠我自己，而不是靠金钱或者出身赢得的。我想，我有权为此感到骄傲。"

这一时期，安徒生推出童话集《没有画的画册》和剧本《摩尔女人》。《没有画的画册》采用《一千零一夜》的格式，根据安徒生自己的构思编写。童话里说，月亮每天都把一幅图画所发生的故事，讲给住在顶楼上的诗人听。第一幅画讲述的是发生在印度的事，第二幅在巴黎，第三幅在德国……月亮将一切看得一清二楚，这些色彩缤纷的画景不断变换，每一幅画都像一颗小小的珍珠那样，散发出独特的色彩。

这部童话集所带来的成功使安徒生在这些难熬的岁月中得到了不少欢乐。但另一方面，小说《摩尔女人》似乎命运不济，还未上演便遭到了批评家的猛烈抨击，国内的责难声再次高涨。

▲被大家讨厌的丑小鸭

看来，要成为一个时代的天才，就必须同时承受光明与黑暗。只有勇往直前、向往光明、不畏黑暗的人，最终才能梦想成真！

《丑小鸭》

尽管安徒生在文学创作中取得了令人瞩目的成就，但已经 40 岁的他却仍然没有成家。他曾经渴望过爱情，却终因种种原因而受挫。

1840 年，安徒生结识了有"瑞典夜莺"之称的歌唱家燕妮·林德。燕妮·林德极具艺术家的激情，但她似乎从不外露或夸张，这种含蓄而极具内蕴的气质使安徒生心中早已熄灭的爱情之火再次燃烧起来。安徒生爱上了燕妮·林德，但是，却遭到了燕妮巧妙的回绝。

为了摆脱爱情打击，安徒生开始广交朋友。除了在国内结识的一批有成就的人，在国外的朋友也很多：雨果、巴尔扎克、大仲马、狄更斯、格林兄弟等人。在这些朋友中，与狄更斯的友谊使安徒生感到最为自豪和欣慰。和狄更斯在一起，两人谈得特别投机，他们互赠作品，互相鼓励。1847年，安徒生回国后的圣诞节前夕，给狄更斯寄去了一本新的童话集，并写了一封热情真挚的信。狄更斯很快也回了一封热情洋溢的信，信中说他视安徒生的赠书为"极其宝贵的回忆"，并"以此为豪"，称这是"天才的纪念品"。

↴ 最终丑小鸭变成了美丽的天鹅

友情虽然给安徒生带来了莫大的安慰，但是他的心底依然残留着失恋造成的创伤。安徒生常把自己视作一只被人看不起的、受人歧视打击的丑小鸭。但他并没有因为失意和受打击而走向沉沦，也没有对人生采取消极的态度。他依然振作，不倦地笔耕，一篇备受世界各国人们喜爱的童话故事《丑小鸭》就是在这样的心情下创作出来的。

"丑小鸭"的遭遇和安徒生的人生有许多相似之处。它原是一个不知来历的被遗放在牛蒡丛中的天鹅蛋，一只野鸭把它当做一只鸭蛋孵了出来。由于这个"小鸭"的体积庞大，非常特别，而且丑得厉害。世俗的偏见已经把它推到社会之外，使它成为化外之民。它受到歧视和凌辱，但却怀有一个伟大的理想：它热爱美，它要飞。

丑小鸭心中怀着对生活的憧憬，在四面八方的压力纷至沓来的时候，它也没有放弃生的意愿和对美的追求。

丑小鸭向往天空那些美丽的天鹅，于是，它飞到水里，向那些美丽的天鹅游去。冬天变得很冷，非常的冷！丑小鸭不得不在水上游来游去，它游动的范围，天天在缩小。水冻得厉害，可以听到冰块的碎裂声。丑小鸭只好用它的一双腿不停地游动，免得水完全被冰封闭。最后，它终于昏倒了，躺着动也不动，跟冰块结在一起。温暖的春天来了，丑小鸭展翅奋飞，在平静的湖面上，它看到了自己的美丽的倒影，原来，它已经变成了一只美丽的天鹅！

丑小鸭进入了"美丽的行列，美的境界"，它攀上了它所向往的美的高峰，它感到幸福，感到生活的真实意义——这就是这篇故事的主题。这篇故事不仅概括地描写出了安徒生青少年时代和苦难的斗争，也表达出了他在面临困境的时候所坚持的信念。

"丑小鸭"完成了他的心愿，安徒生也终于实现了他的理想——成为一个伟大的童话艺术家。他创作出了许许多多充满爱和鼓舞人们追求真、善、美的动人故事，向人间播撒着快乐、希望和幸福的种子。

多产作家"童话之王"

1848 年，法国大革命爆发了，无产阶级登上了历史的舞台，之后欧洲各国纷纷响应，不久便扩散到了丹麦，哥本哈根市民纷纷走上街头，举行群众集会，民族矛盾成了丹麦的主要矛盾。1848 年 3 月，丹麦国王斐特烈七世自称立宪君主，专制制度就此灭亡。丹麦政府拒绝了霍尔斯坦和什列斯维希两个公国独立的请愿。为此，这一年的 4 月 9 日双方展开了一场激战。垂涎三尺的普鲁士军队进行了干预，结果普鲁士军队不仅占领了一个公国，而且占领了丹麦日德兰半岛的一部分领土。在普鲁士与丹麦签订和约以后，1849 年 7 月丹麦军队歼灭了两个公国，战争结束了，而什列斯维希与霍尔斯坦问题却仍没有得到解决。

战争的阴云笼罩在安徒生的心头，"政治"这个字眼在他心中首先是和混乱不堪的两个公国

卖火柴的小女孩透过窗户看到别人家里丰盛的晚餐

↑一位母亲焦虑地坐在孩子的身边，她多么担心他会离自己而去。现在，他的小脸蛋是那么苍白，他的呼吸变得困难起来……这是《母亲》中的情节。

的问题联系在一起的。安徒生极力反对战争，渴望和平与自由。"我多么希望战争尽快地结束，多么想看到人们可以自由地生活，致力于统一啊！"在给老朋友古林的信中，安徒生这样写道。这期间，他写下了一首充满爱国主义激情的诗《丹麦，我的祖国》，这首感情真挚、旋律优美的诗很快被编为民歌，它使丹麦人民充满自豪和希望。

战争前后的几年，安徒生的才思犹如泉涌。自传《我的一生的童话》、抒情剧《小吉尔士敦》《新的童话》第二、第三集、史诗《阿修罗斯》、长篇小说《两位男爵夫人》、童话故事《卖火柴的小女孩》等大量作品先后问世。自传的字里行间隐约流露出一种单相思的苦涩和对极微小的刺激所表现出的神经质的敏感。而那篇结局悲惨的童话《卖火柴的小女孩》中，那个衣不蔽体的卖火柴的小女孩死了，死在离暖和的火炉、离圣诞树、离那只烤鹅仅仅两步远的地方，她最终也没有等到拯救她的神。

诚然，在火柴发出的最后的亮光中，小姑娘仿佛觉得，死去的祖母把她带到天国去了。然而，这只是小姑娘临死前的一种幻觉而已，这幻觉无论怎样都未能消除死亡的恐惧。在《母亲》这篇童话中，作者写道：

女主人公是一位淳朴而贫寒的女人，死神把她唯一的孩子抱走了。母亲在茫茫黑夜里，冒着风雪去寻找她的孩子。为了问路，她把自己一双明亮的眼睛给了大湖，湖水变得更碧绿了；为了问路，她用自己的胸膛去温暖一丛快要冻死的荆棘，荆棘丛长出了新鲜的绿叶；为了进入死神那神奇的花园并拯救自己的孩子，她拿自己美丽的黑头发换了守坟墓老太婆的一头雪白的银发。

这个故事让人们看到了富于自我牺牲精神的母亲是多么伟大。而在故事的末尾，这位含辛茹苦的女人只能听命于"上帝的意志"。这就是安徒生的生活：穷苦人世世代代受苦受难，却不可能自己掌握自己的命运。

当安徒生创作这篇充满伤感的童话时，对母亲的怀念之情也涌上心头，这种情感给了他以无穷的力量。安徒生的这些童话故事不久便走遍了五湖四海，并且传到了大洋彼岸。

现在，这个鞋匠的儿子，这个从小时常和饥饿打交道，处处遭人鄙视的孩子，终于以坚强的意志达到了最后的目的，他成为全世界亿万儿童所喜爱的童话作家。他在童话故事中所创造出的美，成为人们永远享之不尽的精神财富。一些外国的出版商甚至将安徒生作品的精装本献给丹麦国王克里斯蒂安八世，并致辞称"丹麦是一个伟大的国家，产生了像安徒生这样的天才"。后来，克里斯蒂安国王也曾不止一次地接见安徒生，和安徒生进行亲切的谈话，听安徒生朗读他的童话，还授予他丹涅勃隆格骑士勋章。在这前后，安徒生还曾被普鲁士国王授予三级红鹰勋章；瑞典与挪威国王授予他北极星勋章；墨西哥皇帝授予他圣母玛利亚及瓜德罗普勋章……安徒生的荣誉从国内外接踵而来。

安徒生一边进行其他创作，一边进行童话创作。从1857年开始，他每年出版一集，甚至两集新的童话故事。此外，他还以单篇形式发表了一批童话，直到1871年至1873年出版的最后一批童话为止，安徒生一生共写了160多篇童话。这位伟大的"童话之王"为世界文学做出了不朽的贡献。

1867年，安徒生离开家乡近50年后，欧登塞正式向他发出了邀请，于是在一个寒冷的12月里，这位"童话之王"终于荣归故里。这一天，欧登塞家家户户张灯结彩，过节似的欢迎"童话之王"安徒生的归来。当安徒生的马车驶到市会议大厦时，广场上已挤满了攒动的人头，人们欢呼着，歌声响彻广场……在庆祝宴会的首席前的桌子上立有安徒生的半身塑像，其底座上刻了3

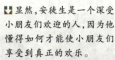
显然，安徒生是一个深受小朋友们欢迎的人，因为他懂得如何才能使小朋友们享受到真正的欢乐。

个重要日期：1805 年 4 月 2 日（安徒生的生日）；1819 年 9 月 4 日（前往哥本哈根的日子）；1867 年 12 月 6 日（授予"荣誉市民"称号的日子）。而这座塑像的脸，曾经遭受过无数尖刻的讽刺家们的挖苦和讥笑，但随着岁月的流逝和美丽的童话故事的浸润，现在却是那么的光彩动人。

生命的终点

不知疲倦的"童话之王"一生都在漂泊，他在欧洲各国来回游历了 29 次，长期以来不是住旅馆，就是住在朋友家。而在这云游四海的旅程中，他却从未停止过思考和写作。1870 年 3 月，安徒生写出了长篇小说《幸运的皮尔》。之后，他完成了一生中最后的几篇童话《老约翰妮的故事》《牙痛姑妈》《跳蚤和教授》《园丁和主人》等故事。

随着最后几篇童话的脱稿，安徒生也愈加感到力不从心。长期漂泊和艰辛的写作生活使安徒生的健康遭到严重的损害，他病倒了。除了牙痛病，他还常常咳嗽，两腿浮肿。安徒生患病的消息不胫而走，他的健康牵动着千万人的心。

如今，安徒生的铜像静静地矗立在那里，仿佛还在给人们讲述童话故事……

1875 年 4 月 2 日，安徒生 70 岁寿辰时，丹麦人民为他举行了盛大的宴会。他的朋友们还举行了全国募款，为这位驰名世界的讲故事的诗人造一尊铜像。当安徒生第一次看到铜像的设计图时，大发雷霆，怒责雕塑家说，从来没有人看见过有小孩子爬在他背上、坐在他膝盖上、傍在他腿边；而且，他的故事是同样写给成人和小孩子们看的，小孩子们只能听懂故事的外层，只有人生经历丰富的成年人才能领悟到故事内容所含的深长意味。于是，按照安徒生的意愿，铜像的草图被重新设计。而这次盛大的活动也是安徒生生前参加的最后一次纪念活动。

生日庆典以后，安徒生由于身体虚弱不得不离开哥本哈根，去朋友的一个叫"憩园"

的别墅休养。到达"憩园"之后，安徒生便发起了高热，一直卧病不起。

1875年8月4日，安徒生在朋友的家中离开了人世。这时一阵清风飞进了房间，它轻柔地抚摸着老人饱经沧桑的面庞，将老人的灵魂带入了另一个世界，但是老人却将他的故事永远地留在了人间。

"紫丁香将长长的枝条垂入水中，太阳照得很温暖，很愉快。它扇动着翅膀，伸直细长的颈项，从内心中发出了一个愉快的声音：'当我还是一只丑小鸭时，做梦也没有想到会有这么多的幸福！'"

是的，丑小鸭终于进入了一个美丽的行列，一个美的境界。安徒生又何尝不是如此呢？他终生都梦想着成为一个真正的艺术家，为此，他被迫离家流浪。他想成为一个芭蕾舞演员，一个歌唱家，在舞台上表演人生、创造"美"的艺术家，但是这个出身贫贱的人的理想却被一群庸人视为了天大的笑柄。然而，正如丑小鸭从未放弃过生的意愿和对美的追求一样，安徒生忍受着命运的百般捉弄，承受着饥饿和精神上的打击，在逆境中执著地建造着属于自己的宫殿。多年后，当一座水晶般迷人的宫殿赫然出现时，人们才突然发现，里面的国王正是当年那个长相丑陋、"异想天开"的少年，他将无数的珍宝——那么多优美的故事，撒向世界的每一个角落。于是，伴随着一个又一个动人的故事，这个伟大的"童话之王"将被人们永远铭记在心中。

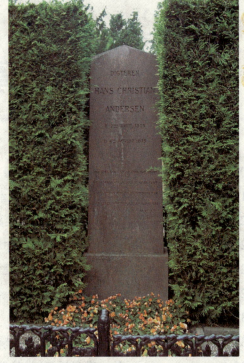

↑ 安徒生的墓碑

世界大文学家成功故事

大 事 年 表

1805 年	4 月 2 日,汉斯·克里斯蒂安·安徒生出生在丹麦。
1819 年	秋,14 岁的安徒生前往哥本哈根。
1822 年	10 月,离开哥本哈根,前往斯拉格尔塞的一所教会中学上学。
1826 年	5 月,转入赫尔辛格拉丁中学。
1828 年	9 月,收到了来自哥本哈根大学的录取通知书。
1829 年	1 月,完成了《阿马格岛漫游记》。
1830 年	出版第一部诗歌选集。
1834 年	8 月,写出了在意大利时就构思好的长篇小说《即兴诗人》。
1835 年	5 月,第一部童话集《讲给孩子们听的童话》出版。
	12 月,出版了第二部童话集。
1837 年	创作出世人为之哀惋的《海的女儿》。
1840 年	2 月,戏剧《混血儿》首次上演,获得了成功。完成童话《丑小鸭》。
1870 年	3 月,写出了长篇小说《幸运的皮尔》。
1875 年	8 月 4 日,安徒生离开了人世,享年 70 岁。

狄更斯

　　在英国文学史上，19世纪是群星灿烂的小说鼎盛时代。而在这些伟大的小说家中，狄更斯则是一颗最为光彩照人的明星。从小饱尝人间艰辛的狄更斯最同情劳苦人民和孤苦无依的孩子。狄更斯是高产作家，他凭借勤奋和天赋创作出了一大批经典著作。他又是一位幽默大师，常常用妙趣横生的语言在浪漫和现实中讲述人间真相，以至于马克思也赞叹他为"杰出的小说家"。

幸福童年

1812 年 2 月 6 日傍晚，英国朴次茅斯海军军需处一位笑容可掬的职员挽着他即将临产的妻子在舞会中翩翩起舞。一切都那么平静，没有任何不同寻常的迹象。然而，第二天一早，他们的第二个孩子，伟大的文学天才查尔斯·狄更斯便呱呱坠地了。

父亲约翰·狄更斯是一对仆役夫妇的孩子，他们的雇主约翰·克茹曾是一名议员，心地善良，与这对仆役夫妇相处得非常融洽。约翰·狄更斯从小便耳濡目染了贵族家庭的绅士生活，因此也染上了一些与仆役家庭不相称的习性：浮夸、嗜酒、爱慕虚荣。但他仍不失为一个和蔼可亲的人，整日无忧无虑，并且慷慨大方，还爱讲故事逗趣。

查尔斯·狄更斯出生时，家里已有一个比他年长两岁的姐姐范妮。此时，由于父亲工作上的关系，他们不得不随父亲屡次搬迁。从 1814 年至 1823 年间，狄更斯一家往在了伦敦与查塔姆·罗彻斯特之间。在查塔姆·罗彻斯特，狄更斯度过了童年中最幸福的时光。

当时，父亲约翰在当地军舰修造所担任一个小头目。闲暇时间，他们一家人经常在一起唱歌、表演、朗诵和放映美妙的幻灯片。父亲还常常带着姐弟俩去当地的一家酒店。在那里，姐弟俩当场为顾客唱歌，逗得人们哈哈大笑。狄更斯对戏剧演出也很感兴趣，一次，他央求姐姐带他去剧院看莎士比亚的《理查二世》和《麦克白》。当剧中那些流血、死亡、发疯和夜黑风高的场景出现时，小狄更斯完全被吸引住了，他紧张地靠在椅背上，目不转睛地看着……

幼年的狄更斯体弱多病，经常发生痉挛。当其他孩子游戏的时候，他只能站在一边静静地观看。他不但喜欢看小伙伴们玩耍，也注意观察与他同住在一条街上的人们的习惯、癖好以及发生在他们周围的一些事情。在孩子的眼中，世界永远有它的神秘和乐趣。在狄更斯的印象里，罗彻斯特大街几乎就和摄政王大街一样宽广；市政厅的大钟也是世界上最好的；市政厅简直富丽极了，即使是神灯的

📖 范妮和狄更斯年龄仅差两岁，是众多兄妹中在智力和性格、爱好上唯一与他最亲近的人。幼年时，姐弟俩一起嬉戏，表演歌舞。

精灵给阿拉丁建造的宫殿也不过如此。

狄更斯被送进一个牧师的儿子创办的学校。办学人威廉·贾尔斯只有二十几岁，毕业于牛津大学，算得上是当地一位受过良好教育的学者。他很快就发现了狄更斯的勤奋好学和聪慧过人，于是便倾尽所能地启发这个儿童的智慧、训练他的才能。后来，当狄更斯恋恋不舍地离开学校时，他还送给狄更斯一本哥尔斯密创办的杂志《蜜蜂》作为纪念。

↑《鲁滨逊漂流记》是狄更斯在家里的阁楼上找到的父亲早点买的小说之一

对于狄更斯来说，家中那间狭小的阁楼也散发出无穷的魅力，那里放置着许多父亲早年购买的廉价版小说，如斯摩莱特的《蓝灯传》、菲尔丁的《汤姆·琼斯》、哥尔斯密的《威克菲牧师传》、笛福的《鲁滨逊漂流记》、塞万提斯的《唐吉诃德》以及阿拉伯民间故事集《天方夜谭》……当狄更斯发现这些书时，如获至宝，他常常把自己假想成小说中的主人公，想象自己处于书中所描述的那种境地："整整一星期，我是汤姆·琼斯。之后的一个月，我始终想着自己心中的洛德里克·蓝登……回想到这些，我的脑海中总会浮现出这样一幅景象：夏天的夜晚，孩子们在教堂的院子里玩耍，而我却坐在床上，拼命地看书。附近的每一座谷仓，教堂里的每一块石头、每一寸土地，在我的脑海中都和这些小说有着某种联系。我曾看到汤姆·派普斯爬上教堂的尖顶；我曾注视着斯特莱普背着书包在门边上休息；我也知道特伦宁船长和皮尔克先生在我们村小酒店的店堂举行会议……"这些对狄更斯以后的生活和创作都产生了极大的影响。

↑塞万提斯（1547—1616），西班牙作家。代表作《唐吉诃德》广泛描绘了当时西班牙人的社会生活，是欧洲早期优秀的现实主义长篇小说。

贫民窟的日子

1823 年，狄更斯的童年时代在一阵短暂的快乐之后，便被一种富有诗意的悲剧性经历所取而代之，而他那创造性意愿的种子也随之被埋进了沉默痛苦的土壤之中。就

在黑鞋油作坊疲惫不堪的狄更斯

世界大文学家成功故事

在这一年，父亲接到一纸调令，全家再度迁回了伦敦。不过，和若干年前那次在伦敦的短暂居住不同，这时狄更斯一家的境况已日渐衰落。由于父亲的不善理财和喜好浮夸，家庭欠债越来越多，讨债人经常上门，所以只好离开罗彻斯特。对于狄更斯来说，这次搬家是他命运的一次转折。他不得不放弃自己喜爱的学业，随家人迁到伦敦贫民区贝赫姆街 16 号。

从查塔姆·罗彻斯特那海军军官比肩接踵的环境中来到伦敦贫民区，使狄更斯家庭的社会地位一落千丈。年少的狄更斯不得不帮着家人做一些力所能及的家务，并照看弟弟妹妹。就在狄更斯 12 岁那年，父亲因欠债被捕，被送进了马夏西债务人监狱。狄更斯强忍着眼泪奔走于狱中的父亲和心烦意乱的家人之间，他还亲眼目睹了家中的东西被债务人一件件地搬走，还有他心爱的书籍和图画被典当罄尽。

迫不得已，狄更斯去了一家黑鞋油作坊里去做童工，每月可领取 6 先令的工资。

黑鞋油作坊位于亨格福德码头临街的河边上，这里老鼠成灾、破烂不堪，到处弥漫着木头腐烂的臭味。少年狄更斯要在这里的一间狭小、脏乱而且不见阳光的房子里日夜不停地工作，他往瓶子里装鞋油，每天要用绳子包捆千百个瓶子。

贫困剥夺了狄更斯接受教育的权利，但却剥夺不了他学习的愿望。好学的天性使他在社会这所大学堂里同样得到了丰厚的回报。因此，从某种意义上说，狄更斯接受真正的教育是在伦敦的贫民窟里。他从书中知道了穷人生活的精彩故事，试着模仿文学大师的手法来创作自己的作品。为此，他开始在伦敦的大街小巷里寻找灵感，积累人物素材。狄更斯常常几个小时伫立在街头，或者探头观望某所阴沉的庭院，或者凝神注视小

英国的摄政王大街在牛津圆环处拐弯，一直延伸到皮卡迪里。它是英国当时最繁华的街道之一，也是小孩子们最喜欢去的地方，因为那里有世界上最大的玩具商店。

巷里的居民。在伦敦贫民区有一个叫"七街口"的地方,那里充满了罪恶、贫困和乞讨的杂乱景象。狄更斯觉得十分可怕,他不理解为什么有那么悬殊的贫富差别。但越是不理解,越是激发了他的好奇心。这种好奇心促使狄更斯以一种敏锐的眼力从民众普通而又简陋的"镜"中看到了财富,从熙攘杂乱的人群中捕捉到了无数个丰满的人物形象。这些人物在他日后的文学作品中成为不朽的创作素材。

记者生涯

1824年,父亲约翰·狄更斯的好运气来了,父亲出狱了,一家在约翰逊街租了一处房子。

狄更斯离开了黑鞋油作坊,成了韦林顿寄宿学校的走读生。多年后,狄更斯回忆这段童工岁月,这样写道:"我暗暗地痛苦着,剧烈地痛苦着,除我之外永无人知。"

与做童工时相比,学校的生活快乐多了。虽说校长除了用笞杖外什么都不懂,但老师们各个博学多才。狄更斯在那里学习英文、舞蹈、数学和拉丁文等课程,他进步很快,并多次受到了学校的奖励。业余时间,他还与其他几个孩子一起办起了周报,文字就写在练习本的残页上,借阅的条件是用石笔交换(石笔是学校里的主要货币)。

但是两年后,由于家庭的原因,狄更斯又不得不提前踏入社会谋生。

离开学校后,狄更斯去了一家律师事务所供职。在那里,狄更斯对速记产生了兴趣。当时,速记是成为记者的敲门砖,于是狄更斯下决心掌握这一技能,并希望借此谋得议会采访记者的工作。为此,他买了一本《格尼速记》潜心研究。在他废寝忘食的刻苦钻研下,终于成为了博士公堂上的一名记录员。

1832年5月,狄更斯

1824年,狄更斯的父亲告别了马夏西债务人监狱,从此,一家人生活也相应得到了改善。

世界大文学家成功故事

85

↑在韦林顿寄宿学校学习的狄更斯非常珍惜这来之不易的学校生活，他努力学习各门功课，成了学校的一名优等生。他还经常独创一些别人全然不懂的语言，并因此得了个"古怪语言专家"的绰号。

多年来一直不懈追求的理想终于实现了，他辞去了记录员的工作，以真正的《太阳报》记者的身份出现在议会下议院的记者席上。6个月后，狄更斯又去了舅舅约翰·亨利·白柔主办的《议会镜报》当记者。后来，狄更斯又辗转成为当时与久负盛名的《泰晤士报》抗衡的《时事晨报》采访记者。

狄更斯是记者席上记录最快捷、最准确的一位。人们经常可以看到狄更斯戴着新帽子，穿着黑天鹅绒镶边的蓝外衣出现在记者席上。同事们也不得不承认，狄更斯是他们之中最优秀、最有才能的记者。

然而，议会记者的工作并不令人羡慕，没有勤奋吃苦的精神是难当此任的。议员们的发言不但空洞无味，而且长篇累牍、喋喋不休。记者们挤在光线昏暗、闷热、散发着汗味和臭气的记者席中，还需要长时间保持一种姿势。

议会休会时，狄更斯便被派往外省去采访部长们的演说、竞选的进展情况以及当时一些人们感兴趣的事情。狄更斯觉得为采访一些耸人听闻的事件而出游也不失为一件乐事。因此，他为了抢新闻，无论刮风下雨，受命即出，经常奔波在从伦敦通往各地的驿道上，马车成了他流动的办公室，双膝就是他的写字台。这种生活不但磨炼了狄更斯吃苦耐劳的精神，更给他提供了极其宝贵的写作素材，而艰苦紧张的记者生涯，恰是他练笔的大好时机。

几年来的勤奋、刻苦和自强不息正逐步把狄更斯推上成功的道路。他不知道沿着自己的记者之路究竟要走多远，但他已逐渐厌倦了政治圈中那种冰冷和沉闷的气氛，以及政治家虚伪和无耻的举止。为了安身立命，狄更斯出色地完成了自己的任务。但他的禀赋却不容他安于现状，他渴望能够到更广阔、更适宜的空间中去发挥自己的才华。

"匹克威克"的轰动

"如果一个人有能力从精神和智力工作这个源泉中获得快乐，那么他的收益是极大的，命运摆布他的力量也就小得多。"年轻的狄更斯正是选择了这条与命运抗争的路。业余时间，他经常以现实生活为题材写一些随笔。在这些随笔中，狄更斯以朴实、宽容的心境将平凡世界中的一切表现得明亮而又光彩。这个年轻的记者当时并未意识到，当他决心为写人和人的命运而拿起笔的那一刻起，这个世界就注定要逐渐变得光明了。

1833年秋天的一个傍晚，狄更斯来到舰队街，小心翼翼地将一卷纸投进了《文学科学与美文学月刊》的信箱。此刊物是由一位名叫霍兰的上校创办的，他的杂志仅为作者提供发表作品的园地，而无力支付稿酬。当该杂志的当月月刊出版时，狄更斯怀着忐忑不安的心情在一家书店里买了一本，翻开一看，竟惊喜地发现自己的文章居然整齐、漂亮地印在上面。兴奋和得意使他双手瑟瑟发抖，眼泪几乎夺眶而出。霍兰上校非常欣赏这位无名作者的清新文笔，希望他今后能多多赐稿。

初试成功使狄更斯信心倍增，尽管他明知刊物不付稿酬，但仍然执著地把随笔一篇篇寄去。起初，他的随笔发表时都不署名，直到1834年他才为自己起了一个笔名叫"博兹"。

很快，"博兹"的文章便引起了读者的兴趣，人们纷纷传阅着一篇篇平凡中透出无限诗意的随笔；剧院经理们竞相把它们改编成滑稽剧上演。后来，《时事晨报》还为狄更斯特辟专栏。从此，有关伦敦街头人物风情的文章相继在《时事晨报》上出现。

与此同时，狄更斯遇见了未来的妻子——《时事晚报》的主编霍格斯的大女儿凯瑟琳。狄更斯被凯瑟琳的端庄和美貌所打动，不久，他们便陷入了情网。

1836年，狄更斯和凯瑟琳举行了婚礼。

1836年2月10日，一次惊喜的会晤使狄更斯不久便在整个英国成为家喻户晓的人物。著名出版商霍尔看过"博兹"的随笔后，慕名来访。当他看到狄更斯时，暗自惊诧，想不到"博兹"竟这样年轻。而狄更斯也很惊喜，原来眼前这位初访者竟然是霍尔先生。

霍尔先生想请狄更斯为著名漫画家

凯瑟琳·汤姆森霍加斯

罗伯特·摩西的连环画配写文字说明。于是,狄更斯便以极大的热情投入了他的第一部长篇小说《匹克威克外传》的创作中。

狄更斯首先设计了匹克威克的形象:匹克威克先生是位德高望重的独身绅士,也是受人敬重的学者和社会名流。他性格虽然有些古怪,但却天真、善良、热情,总是上当受骗,是个既浪漫又滑稽的可爱人物。接着,狄更斯又通过匹克威克一行5人遍游各地所经历的奇遇展开故事情节,辛辣嘲讽了社会上种种不合理的现象。而书中人物所游历过的大小城镇、庄园、客店、集市、法院、监狱及其他地方都是作者曾经熟悉的。狄更斯丰厚的生活积累终于为他找到了灵感的喷发口,而记者生涯中练就的舞文弄墨的本领又使他下笔如流。于是,一个个生动的人物形象和有趣的故事情节便从他的笔端流泻而出。

1836年3月底,《匹克威克外传》的第一部分出版了。但后来由于摩西的自杀而暂时终止了。后来,出版商为狄更斯重新物色了一位青年画家布洛特·布朗,狄更斯与布朗合作得非常愉快。同时,狄更斯又在第二部分中引进了一个新的人物山姆·维勒,他是匹克威克先生雇用的一个仆人。维勒的出现引起了更多的读者(特别是下层劳动人民)的共鸣,刊物发行量瞬时翻了百倍,而狄更斯的声望则如雪崩之势冲进了他的时代,并迅速传遍了整个英国。

《匹克威克外传》所引起的轰动和反响是文学史上罕见的,一时间,以匹克威克命名的“匹克威克帽”、“匹克威克雪茄”纷纷出现,许多人成为了狂热的“匹克威克迷”。每逢邮件日,他们总是期待着看到那些装满蓝色新期刊的邮包,甚至在归家的路上便迫不及待地读起书来……那时候,人们是如此热爱着狄更斯和他的小说,这种热爱也一直伴随狄更斯直到生命的最

《匹克威克外传》插图

后时刻。

《匹克威克外传》使狄更斯成了名人，出版商们看到有利可图，争先恐后地和他签约。于是，他便辞去了《时事晨报》的工作，专心致力于写作。年方24岁的狄更斯很快成为伦敦最春风得意的年轻人。

就在狄更斯的事业蒸蒸日上的时候，16岁的妻妹玛丽搬到狄更斯家与狄更斯夫妇同住。由于狄更斯婚后与凯瑟琳的性格差异在摩擦中日益显现出来，玛丽的出现弥补了狄更斯感情上的缺憾。对玛丽的感情，他甚至远远超越了妻子。对他来说，和玛丽在一起的时光是快乐的，但是很短暂。1837年5月，玛丽因心脏病永远离开了人世。

很长一段时间，狄更斯都沉浸在对玛丽的回忆中。对他来说，他所失去的不仅仅是一位亲人，更是一个与他志趣相投的知心朋友。在玛丽临终前，狄更斯取下玛丽手上的戒指，戴在自己的手上。直到狄更斯逝世时，这枚戒指始终不曾移位过。

↑ 匹克威克先生主仆一行5人，从伦敦街区开始，遍游各地，他们遇到了各行各业的人，有冒险家、牧师、投机者、律师、贵族、多情小姐……其中许多人物已成为世界文学画廊中的经典。

《雾都孤儿》

玛丽的葬礼结束后，狄更斯夫妇在朋友的牧场里静养了两周。当他们返回伦敦时，狄更斯便匆匆地投入到工作中。这时，他开始创作一篇连载故事，他将文中的主人公

世界大文学家成功故事

↑乔治·克鲁克香克给《雾都孤儿》设计的插画

定为小说的名字《奥利弗·特维斯特》,又名《雾都孤儿》。

《雾都孤儿》写的是小主人公奥利弗出生在一家济贫院里,是个不知生父的私生子,母亲将他带到人世后便含恨而死。济贫院的主人本布鲁心地冷酷,生性凶狠残暴,常常假借慈善之名残酷地剥削济贫院中的儿童。饥饿的奥利弗斗胆向胖领事要求添一点儿粥,结果被本布鲁和董事会视为大逆不道,并受到严厉的惩罚。于是,奥利弗被送到棺材铺做学徒。在棺材铺里,奥利弗受尽了老板娘、仆人和其他学徒的侮辱和虐待。在忍无可忍的情况下,他逃离棺材铺,忍饥挨饿地走了70余英里,来到伦敦。不料,他尚未踏上伦敦的街道,就被诱入贼窟,在贼头非勤的威逼下,被迫行窃。奥利弗在第一次作案时便被抓住,恐惧和羞怯使他当场晕倒,失主布劳恩出于恻隐之心将他带回家收养。在布劳恩的住处,奥利弗第一次感受到人间的温暖,并决心痛改前非。然而贼头非勤却不愿轻易放过奥利弗,便派女贼南茜将奥利弗诱回贼窟,并迫使他再次行窃。一天深夜,奥利弗跟着同伙蒙克斯等人来到一幢别墅。蒙克斯用枪逼他钻进窗户,然后穿过大厅,打开大门。奥利弗决心冲上楼叫醒这家人。他拉响警铃,但在慌乱中肩膀被守宅人开枪打伤。而其他人则早已逃之夭夭。宅子的主人梅丽太太和她收养的女孩柔丝搭救并收养了奥利弗,奥利弗再次体会到人间真情。

歹徒蒙克斯暗中查明了奥利弗的来历。原来,奥利弗正是蒙克斯父亲的私生子,蒙克斯父亲临终时将自己的一部分财产分给奥利弗和他的母亲。这引起了蒙克斯母子的嫉妒和仇恨,他们企图通过非勤来加害奥利弗。同情奥利弗的女贼南茜得知这一罪恶阴谋后,冒险将这一情况告诉了柔丝和布劳恩等人。最终,布劳恩在警察的帮助下抓住了蒙克斯,非勤等人也受到应有的制裁,而南茜则由于告密惨死在蒙克斯手下。

在这部作品中,狄更斯用了跌宕起伏的故事情节诉说出内心最深处的愿望——要用自己的笔触帮助像他一样由于教师表现恶劣、学校疏忽失职、父母漠不关心或大多数人懒散冷酷与自私自利的行为而受到不公正待遇的所有贫苦的、被遗弃的孩子们。他想拯救孩子们童年的欢乐。当《奥利弗·特维斯特》出版后,英国社会发生了极大的改变:孩子们得到了更多的街头施舍,政府改善了济贫院,对私立学校实行了监管。毫无疑问,狄更斯使得同情和友善增强,使得许多穷苦人和不幸者的命运得到了缓解,而这种现实世界中的诸多改变都是其他任何一位小说家所无法相比的。

《雾都孤儿》为狄更斯赢得了许多中下层社会的读者。在此之后出版的《尼古拉斯·尼克贝》又使他成为上层社会的谈论对象。小说开始时主人公尼古拉斯·尼克贝已19岁,父亲刚刚病逝,他和17岁的妹妹凯特跟随寡母来到伦敦投靠伯父拉尔夫。拉尔夫是个放高利贷的富商,他看到侄女貌美而弟媳又是个没主见的女人,就暗中盘算,想把凯特当成诱引客户上钩的香饵。但他看到尼古拉斯性格刚烈,有碍于他的计划,便把尼古拉斯介绍到约克郡的一所学校去当教师。尼古拉斯任教的学校是一所纯粹以营利为目的而创办的学校。学校

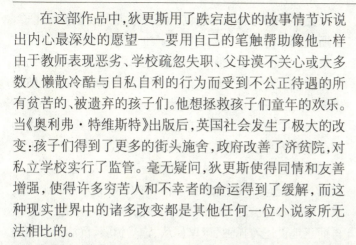

🔺发现入室盗窃受伤的奥利弗并打伤了他

校长斯奎尔斯在招收新生时,极力鼓吹学校的种种优点,但当他收下家长的钱后,却给孩子们灌硫黄糖浆以破坏他们的胃口。尼古拉斯由于不满他们的罪恶行径便带着在学校中备受凌辱的孤儿斯迈克离开那里。当他赶到家的时候,正赶上拉尔夫想把凯特当做诱饵去诈骗一个纨绔子弟。尼古拉斯打了拉尔夫派来的同伙,挫败了拉尔夫的阴谋。

故事的最后,狄更斯按照自己的浪漫逻辑为小说设计了一个光明的结局:

受尽折磨的孤儿斯迈克恰是拉尔夫失散多年的儿子。当斯迈克在抑郁中死去的时候，拉尔夫受到极大的打击，自杀身亡，而尼古拉斯则在好心的契里布尔兄弟的帮助下事业有成。凯特成为契里布尔的侄媳，斯奎尔斯校长怙恶不悛，锒铛入狱，而他的学校也关门了。

作品中除了斯迈克因单恋凯特伤心夭折外，其他人物都在狄更斯善恶必报的道德信念设计下找到了自己的归宿。

不难看出，书中主人公的原形并非别人，正是狄更斯自己。他把童年时的欢乐与不幸都化为了无与伦比的文字而得以永存。在这部和以后的多部作品中，作者一而再、再而三地讲述着孤独、谦卑屈从、饱受惊骇、沉湎于梦想的男孩子的故事。那些故事里掺杂着欢笑与痛苦，高尚与可笑，感伤与崇高，真实与虚构，所有这些都化解成了一种新的东西，它散发出独有的彩虹般的光辉。

狄更斯在描写斯奎尔斯的学校时，是以威廉·萧的学校作为小说中的原型。后来，萧被撤销了校长的职务，他的学校也同小说中的命运一样随之倒闭。当地一些其他的学校也受到了牵连，约克郡一度失去了往日教育中心的地位，这足以说明狄更斯的小说在铲除社会弊端方面发挥的巨大的作用。

↑《大卫·科波菲尔》封面

自传体《大卫·科波菲尔》

狄更斯在小说创作上的成就不仅引起了英国及欧洲一些国家的注目，而且也蜚声大洋彼岸的北美大陆。1842年1月，狄更斯携妻子凯瑟琳登上了前往美国的航船。

实际上，驱使狄更斯访美的主要原因除了会受到隆重的礼遇外，另一重要原因是狄更斯想亲眼看看一个新的共和国是如何对旧君主制做出改革的。在码头他们受到了美国民众的热情欢迎，几名记者甚至冒着生命危险跳上船来，拼命地和狄更斯握手。当他设法脱身之后，一行人驱车前往当地最好的特雷蒙特旅馆。

狄更斯在美国受到了史无前例的接待，此后，几乎没有任何一位作家在异国他乡能够受到如此热烈的欢迎。在

特雷蒙特旅馆，整天涌进涌出着一批批来访者，狄更斯外出时两侧更是站满围观的人群。五花八门的欢迎仪式没完没了，宴会、舞会和集会接连不断。美国各界对狄更斯的礼遇使得这位年轻的作家不禁有些飘飘然了。

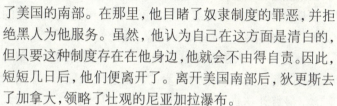

《董贝父子》

接下来，狄更斯一行先后抵达了纽约和费城。然后，他们又来到了美国的南部。在那里，他目睹了奴隶制度的罪恶，并拒绝黑人为他服务。虽然，他认为自己在这方面是清白的，但只要这种制度存在在他身边，他就会不由得自责。因此，短短几日后，他们便离开了。离开美国南部后，狄更斯去了加拿大，领略了壮观的尼亚加拉瀑布。

1842 年 6 月 7 日，狄更斯圆满结束了这趟美洲之行。回国后，他将一路上的所见所闻写成了一部《游美札记》，为英国人带回了对美国更真实的观感。

从美国归来不久，狄更斯又先后游历了法国、意大利、德国、瑞士及其他欧洲国家。旅行不仅扩展了他的视野，也使他的思想变得更加成熟，一部部优秀的作品又很快从他笔尖流出。从最初的《马丁·朱述尔维特》到他献给英国贫苦同胞的圣诞礼物——《圣诞欢歌》（从那以后，狄更斯决定每年圣诞节前都要奉献一份同样的礼物），直至最后的《董贝父子》，无一不体现了他在思想和写作技法上的进步。

《圣诞欢歌》

时间转眼到了 1848 年，狄更斯结束了他的旅行生活回到伦敦。不幸的是，狄更斯最亲爱的姐姐范妮在这时病逝了。范妮的去世给狄更斯的精神带来了巨大的打击。于是，一部带有自传性质的《大卫·科波菲尔》诞生了。

在《大卫·科波菲尔》中，狄更斯试图通过一个儿童的眼光，来审视身边的世界和形形色色的人物。

遗腹子大卫·科波菲尔与年轻漂亮、心地善良的母亲相依为命，日子过得平静而愉快。后来，母亲受

↑↑ 大卫在律师事务所工作的时候爱上了朵拉,不久便与她组建了家庭。

心怀叵测的梅得孙的欺骗而改嫁于他。梅得孙达到目的后立刻露出了凶残本相,他逼死了大卫的母亲,将大卫送到一家酒类货栈当童工,并霸占了他们的财产。最后,大卫不堪忍受货栈老板的压迫,从那里逃了出来,历经艰辛找到了自己唯一的亲人特洛乌姨婆。特洛乌姨婆虽然性情古怪,但心地善良,是非分明。当她得知大卫的遭遇后义愤填膺,不但收留了大卫,而且还把随后找来的梅得孙痛斥得体无完肤,然后将大卫送到学校去接受教育。毕业后,大卫进了一家律师事务所,在那里,他遇见了朵拉,两人很快坠入了情网,并组建了家庭。朵拉虽然很爱自己的丈夫,但她却缺乏头脑,不善理家,处处像个孩子。

日复一日,大卫对于这位娃娃妻变成贤内助的希望越来越小,而狄更斯对这对夫妻的热情也同大卫一样,越来越淡,最终让这桩不和谐婚姻的女主角染病而亡,他为大卫重新安排了另一位女伴艾格尼。朵拉之死可能是狄更斯所能圆满表现的最严肃的感情。作品最后,狄更斯同样采取了善有善报、恶有恶报的处理手法,使大部分人物找到了自己的归宿。

↓↓ 大卫的第二任妻子艾格尼

虽然,在这部作品中狄更斯用锋利的"钢刀"分解开了自己童年时代的烟雾,但他却不希望读者从中看到他的影子。因为当时在维多利亚时期,重视等级、讲究门第仍然是社会各阶层普遍的价值取向。而狄更斯显赫的成就与他低微的出身在一般世俗标准面前显得极不相称。

狄更斯变换了自己青少年时代的生活地点,但仍然能找到他生活的影子。比如,作者将自己在黑鞋油作坊做工的经历几乎原样搬入,只是书中改为酒类作坊;而书中大卫与朵拉的关系也有点儿像现实生活中狄更斯和妻子凯瑟琳的关系,凯瑟琳温顺、善良,但疏于家务,狄更斯和她总是难以如鱼得水般地融洽相处。

此外,书中人物尽管很多,但彼此之间又都不尽相同。这些人物哪怕是最小的细节都是精雕细刻的，他们身上根本没有模式和故意塑造，因为他们并不是苦思冥想得来，而是作者曾经亲眼目睹的，所以一切都是那么感性，而又生气勃勃。

《大卫·科波菲尔》倾注了狄更斯极大的心血，是他"最宠爱的孩子"。然而，当最初几部分在报纸上发表后，反响却很平平，远不及以前的小说引人注目，这让狄更斯极为沮丧。但随着时间的推移，这部小说最终经受住了考验，它的后几部分在读者中再次引起了轰动。

《双城记》

1855 年，狄更斯买到了位于查塔姆·罗彻斯特的盖茨山庄。从 1860 年开始，狄更斯大部分时间都是在这里度过的。他对这里产生了比居住的任何寓所都强烈的感情。

早在青年时代，狄更斯便对登台演出的粉墨生涯充满了向往，为此还曾拜专业演员为师学习走台步、朗诵等。

虽然狄更斯没能成为一名演员，但他却一直没有放弃这一爱好。成名后，他经常演出，内容通常是一些自己写的剧本或者小说。当狄更斯决定进行公开表演、第一次面对面走向自己的读者时，全英国都为之狂喜，拥挤的人群将大厅塞得满满的。

↑ 狄更斯在写双城记

1857 年 1 月，狄更斯上演了《冰冻的深渊》。该剧讲述的是在当时英国掀起北极探险热的时候，一位名叫约翰·弗克兰的爵士带领一支探险队深入北极腹地，最后粮尽援绝，全部壮烈牺牲的故事。为了增强戏剧的真实感，狄更斯阅读了大量有关北极探险家的书籍，并由原来留小胡子改为蓄大胡须。狄更斯在剧中亲自扮演的男主角理查德·华尔多是一位品德非常高尚的悲剧人物，他为了拯救自己的情敌而牺牲。全剧的结尾处也最让观众感动：理查德·华尔多所钟情的克拉拉那雨滴般的热泪洒在行将逝去的华尔多脸上，华尔多用最后一丝力气喃喃低语："再靠近些，克拉拉，我还想再看你一眼，克拉拉，吻我一下，我就要死了……"在场的所有观众都被狄更斯的逼真表演感动得哭泣不止。

🔥亚历山德丽娜·维多利亚（1819—1901），1837年继任英国女王，直至1901年去世。她在位的64年中，英国扩大对殖民地的掠夺，一度取得世界贸易和工业的垄断地位，被英国资产阶级史学家称为英国史上的"黄金时代"。

《冰冻的深渊》的成功上演，引起了维多利亚女王的注意。7月4日，女王走出白金汉宫观看了狄更斯的表演。看来，即便是矜持、高贵的女王陛下，也难以抵挡狄更斯那魅力十足的表演技艺：伴随着剧情的起伏变化，女王也时喜时忧，完全沉浸在那个虚拟的感情世界中。

女王对《冰冻的深渊》的垂青似乎感染了大家，许多地方都向狄更斯发出了热情的邀请。在伦敦演出3场后，狄更斯决定到曼彻斯特的自由贸易大厅再上演两场。当时大名鼎鼎的名伶特南夫人和她的3个女儿又加入剧组，使演出达到了又一个高峰。狄更斯久熄的爱情之火在特南夫人的3女儿艾伦·特南身上复燃了。

狄更斯似乎在艾伦身上看到了自己久觅而不得的一种美丽的朦胧。面对自己不称心的婚姻，狄更斯怨哀的情绪逐渐加深。如今，艾伦的出现更加深了夫妻间的裂痕，终于在1858年4月，凯瑟琳独自离开了他们在伦敦的寓所，他们各自在分居协议上签了字。

与妻子分手一年之后，狄更斯写下了著名的小说——《双城记》。

《双城记》的内容直接源于狄更斯这个时期的感情生活。当时，他一方面坠入艾伦的情网，一方面又因为与凯瑟琳的分手而受到一些朋友的谴责。他体会到了孤独和不被人理解的痛苦滋味。为了抵御这似乎充满敌意的外部世界和安慰自己的良心，他在小说中把自己戏剧化了，自视为一个备受冤屈、历尽磨难但却傲然不屈的英雄。

法国大革命前夕，善良的医生莫内特目睹了法国贵族埃弗瑞蒙德兄弟残酷迫害一对农妇姐弟的情形。为了伸张正义，他给朝中大臣写了一封揭发信，但没有想到朝中大臣与埃弗瑞蒙德兄弟相互勾结，自己因此而受牵连，被关进了巴士底狱。在狱中，莫内特由于长期与世隔绝，逐渐变得神志不清。为了不使血案石沉海底，他用一枚生锈的铁钉蘸着自己的鲜血写下一封控诉书，压在牢房一块石头底下。18年后，莫内特出狱了，与自己的女儿露西幸福地生活在一起。几年后，露西爱上了一位叫夏尔·达奈的

青年，他的真实身份是埃弗瑞蒙德家的独生子，在善良的
母亲教育下长大，并放弃了爵位和财产的继承权。他与露
西一见倾心，两人很快结为夫妇，过着幸福的生活。小说
中另一位青年西德尼·卡尔登正是作者着重描述的人物。
他长得与夏尔·达奈非常相像，并且胸怀宽广，天性纯良。
然而他因心情抑郁而变得玩世不恭。虽然，他同样对露西
一往情深，但他觉得自己一事无成，根本没有能力保证露
西的幸福，于是就退出了与夏尔·达奈的竞争，并向露西
保证他会心甘情愿地为她做出任何牺牲。后来，法国爆发
了大革命，巴黎人民攻占了巴士底狱，愤怒的群众发现了
莫内特医生的血书，父债子偿的传统观念将夏尔·达奈推
上了断头台。关键时刻，卡尔登再次登场。他利用他俩酷
似的外貌代替达奈走上了刑场，实现了自己对露西的诺言。

　　狄更斯在故事里堆积了许多阴谋诡计，突出了犹如巨
大岩石落至主人公头上的重大灾难，小说自始至终都弥漫
着阴郁和压抑的气氛。贵族圈里的读者看完《双城记》后，
指责狄更斯夸大了阶级压迫，肆意歪曲了贵族统治者的温
文尔雅，有些读者则指责他笔下的暴动者是失去理性的乱
民。这些评论正击中了狄更斯内心的矛盾：一方面他同情
受苦的穷人，承认起义是被压迫者的正义行为；但另一方
面，他又把人民的暴动描写得血腥恐怖。

　　不过，令狄更斯感到最满意的是，伴随着写作的日日

📖《双城记》中的插图

夜夜，他完成了一次孤独和不受人理解的心灵释放，良心得到了莫大的安慰。《双城记》带给了作家丰厚的经济收入，而狄更斯的烦恼也伴随着他对卡尔登高尚品质的赞颂和经济上的可观收入被驱散了不少。

最后的岁月

1865 年，狄更斯的健康状况开始出现了恶化的迹象。他的一只脚被冻伤，不得不卧床休养。1866 年，他的心脏又出了毛病，经过调理，身体稍有好转，他就又出去巡回演出了。1867 年 11 月，狄更斯开始了他的第二次横渡大西洋之旅。

当船再次抵达波士顿后，狄更斯又一次受到了当地群众的热烈欢迎，许多请柬纷至沓来。以纽约和波士顿为主的东部大城市掀起了一场"狄更斯热"。每次演出售票的前一天晚上，人们便蜂拥到售票点，在附近安营扎寨等候购票。

正如人们所希望的，狄更斯的演出非常成功。但是，在接下来的日子里，狄更斯患了脑膜炎，还不时受到头疼和昏厥的折磨。

↑ 自从盖茨山庄成为了狄更斯的家之后，他便对这里充满了强烈的兴趣。

1868 年 5 月，狄更斯访美归来。对于他来说，家乡就像天堂般美好，他又可以坐在小木屋里一边写作，一边聆听鸟儿歌唱了。但即使是天堂，狄更斯也无法长久在里面呆下去。因为还在美国时，他就与查尔佩公司商定回国后举行新一轮的演出。公司建议他演出 75 场，而狄更斯却雄心勃勃地准备演 100 场。

这年秋天，狄更斯在伦敦的圣詹姆斯大厅隆重登台，开始了他的第一轮巡回演出。演出结束后，观众席上爆发出雷鸣般的掌声。然而，由于朗诵所导致的繁忙、劳累和激动，使狄更斯已处于中风和瘫痪的边缘。最后，医生命令他立即取消所有的演出，回伦敦养病。

1870 年 6 月 8 日，狄更斯拖着疲惫的身躯，走完了生命

狄更斯在威斯敏斯特大教堂的墓室的一角

的最后一程，永远地离开了人世。1870 年 6 月 14 日，狄更斯的灵柩被运到威斯敏斯特大教堂，他的遗体被安葬在教堂南冀的"诗人角"，与英国伟大的文学家乔叟、弥尔顿等人比肩而卧。

威斯敏斯特大教堂

    岁月流逝，伴随着风中飘荡的钟声，人们已经送走了无数个春夏秋冬。在这百年岁月中，时代在迅猛的突变中飞奔向前，许多古老的事物也已在工业化主义的"炮火"下化为了灰烬。然而，世界上没有什么，甚至是时间也无法损害狄更斯留在千百万人内心深处的美好情感。这份情感犹如袅袅的炊烟、犹如潺潺的溪流，每当人们想要从疲惫中寻找愉悦时，它就会不断地从被遗忘中走出来……

大 事 年 表

1812 年 　2 月 7 日,查尔斯·狄更斯出生在英国的朴次茅斯市。

1824 年 　父亲欠债被送进了债务人监狱,狄更斯去黑鞋油作坊做童工。

1832 年 　成为《时事晨报》的采访记者。

1836 年 　和凯瑟琳举行了婚礼。

1837 年 　玛丽因病去世。开始创作长篇小说《雾都孤儿》。

1842 年 　携妻子凯瑟琳前往美国,回国后,写《游美札记》。

1848 年 　姐姐范妮病逝。自传体《大卫·科波菲尔》诞生。

1857 年 　成功上演《冰冻的深渊》。

1859 年 　创作《双城记》。

1868 年 　访美归来。

1870 年 　6 月 8 日,查尔斯·狄更斯去世。

　　　　　6 月 14 日,狄更斯的灵柩被运到威斯敏斯特大教堂。

列夫·托尔斯泰

列夫·托尔斯泰,一位在俄罗斯妇孺皆知的文学泰斗和思想家,他开创了文学史上的三大高峰之一——19世纪批判现实主义文学。他创作了《战争与和平》《安娜·卡列尼娜》和《复活》等不朽的世界名著,他像一座无法超越的大山矗立在世界文学史上,被誉为"全人类艺术发展中向前跨进的一大步"。其中,史诗般的鸿篇巨著《战争与和平》被认为是世界文学史上最伟大的小说之一。这些不朽的声誉使列夫·托尔斯泰成为俄罗斯和世界文学中最璀璨的一颗明星。

贵族世家

19世纪初,沙皇统治着广袤而又古老的俄国大地。生活在这里的大部分人民仍属于农奴,可以被任意惩罚和买卖,而贵族则享有各种特权。

列夫·托尔斯泰家族就属于这个特权阶层,他的先祖和祖父都是政府要员,父亲尼古拉·伊里奇·托尔斯泰参加过1812年抗击拿破仑入侵的莫斯科保卫战。对任何人来说,这都是一个令人产生敬畏之情的家族。

1822年,尼古拉·伊里奇·托尔斯泰与一位比自己年长4岁的玛丽娅公爵小姐结了婚。图拉省克拉皮文县的雅斯纳亚·波良纳庄园作为玛丽娅的陪嫁,也成了托尔斯泰家的财产。1828年8月28日,排行第四的列夫·托尔斯泰就出生在这座美丽的庄园里。而就在小托尔斯泰未满两岁的时候,母亲就去世了,他对母亲的所有记忆都来自大哥尼古拉含泪的诉述中。母亲去世后,托尔斯泰从塔吉雅娜姑姑那里得到了母爱的补偿,这令他的童年生活充满了"天真的喜悦"。

1833年,5岁的托尔斯泰已经学会了当时贵族家庭所推崇的法语字母,并很快掌握了这门语言。7岁时,他可以在家庭记事本上用母语记下兄弟们的日常活动。在掌握了基本的语言用法后,他很快被克雷洛夫的寓言、普希金的诗歌和《一千零一夜》的故事情节吸引。虽然,幼小的托尔斯泰并不完全理解这些作品的深刻含义,但他却具有独特的感受力。童年在托尔斯泰心间留下了纯真而美好的印记。

1836年冬天,托尔斯泰全家迁往莫斯科。他们的新家是一幢宽敞舒适的住宅,位于普留什赫街。托

📖《一千零一夜》又名《天方夜谭》,是一部阿拉伯著名民间故事集。此书以丰富的想象、生动的描写反映了中古时代阿拉伯和亚洲一些国家的社会制度和风土人情。图为《一千零一夜》中的故事场景。

尔斯泰被这里古老而又金碧辉煌的克里姆林宫、宽阔笔直的林阴道、川流不息的人群所吸引。他对一切都充满了好奇和幻想，然而，就在托尔斯泰9岁时，父亲因中风突然去世。年仅9岁的托尔斯泰和几个未成年的兄妹突然间成了孤儿。托尔斯泰"第一次懂得了悲苦的现实，心中充满了绝望"。这种悲伤的痕迹日后在他的自传体小说《童年》的最后几章中得到了深刻的表露。

父亲去世后的第二年，托尔斯泰的祖母又病逝了，他的大姑姑亚历山德拉成为了5个孤儿的监护人。由于家里经济条件日趋下降，1841年，姑姑只好把托尔斯泰一家送回到波良纳庄园。

↑ 叶卡特琳娜二世（1729—1796），俄国女皇。出身德意志贵族家庭，1745年与后来的沙皇彼得三世结婚。1762年参与宫廷政变，废彼得三世自立为女皇。

接踵而来的不幸，家庭的巨大变故使小托尔斯泰变得沉默起来。他常常独自一人开始思考生命与死亡，以及活下去的意义，这时的他已表现出了一个远非同龄孩子所能拥有的抽象的思维能力。与此同时，托尔斯泰接触到了费希特、谢林等人的哲学著作，他还阅读了《圣经》、俄罗斯民间神话传说、格里戈罗维奇的中篇小说《苦命人安东》等作品。在这些作品中，尤其是格里戈罗维奇的《苦命人安东》令他十分"感动和喜悦"。少年托尔斯泰已经意识到，俄罗斯农民才是贵族老爷们的养育者，文学应该描写他们。

1844年6月，16岁的托尔斯泰考入了喀山大学东方语言系。后来，他又转学法律。但他那活跃的思维和强烈的求知欲，无法在这里得到发挥和满足。很快，他就不去上课了。托尔斯泰把自己埋进书堆里，开始潜心研读哲学、法律、文学等方面的著作。他读完了卢梭的全部著作，并写出了阐述卢梭哲学思想和自己见解的《论哲学的目的》等9篇文章。他认真研读了孟德斯鸠的《论法的精神》，并将其与叶卡特琳娜二世的《谕旨》进行比较研究，最后得出了一系列独到的结论：只要农奴制存在，人民的贫苦生活就不会改变。与此同时，大仲马的小说《基度山伯爵》和《三剑客》、果戈理的《外套》和《死魂灵》、狄更斯的《大卫·科波菲尔》都给托尔斯泰留下了深刻的印象。

随着年龄和阅读量的增加，托尔斯泰对一些问题开始有了独特的见解和深刻的认识，并对自己所身处的上流社

↑ 基督山伯爵荷兰文版封面

Alexandre Dumas
De graaf van
Monte-Cristo

会产生厌恶之情。他抛弃了一切信念,甚至开始怀疑宗教,干脆从此不做祷告,不去教堂。

1847 年 4 月,托尔斯泰提出退学申请。至此,他的学生时代结束了。

创作尝试

19 岁的托尔斯泰退学回到了久别的波良纳庄园,成了一位名副其实的青年地主:拥有近 1 500 俄亩土地(1 俄亩相当于 1.09 公顷)和 300 多名农奴。他将如何管理这份财产呢?

就在这一年,别林斯基提出了"废除农奴制度"的主张。年轻的托尔斯泰虽然还无法意识到这份呼吁的深刻意义,但他已经对农奴的苦难和不幸有所觉察。为了改善农奴的处境,年轻的托尔斯泰以特有的敏锐和热情,全身心地开始了实施改变农奴生活的伟大计划。

托尔斯泰办起了农场,为农奴买来了脱壳机、播种机,取消了对农奴的肉体惩罚,还将一部分森林划给农奴经营。他常到村里去了解农奴的生活,并给予特困农奴以救济。托尔斯泰的这种行为不但引起了周围地主们的不满,农奴们也似乎不敢接受这意外的恩宠以致纷纷拒绝。就这样,托尔斯泰伟大的农事改革计划最后以失败告终。

🔹 20 岁的托尔斯泰

对农事改革付出了巨大热情,但结果却令人大失所望,这使年轻的托尔斯泰陷入深深的不安和痛苦之中。他似乎开始明白,在贵族和农奴之间,存在着不可消除的隔阂。

1848 年 10 月,处在农事改革失败痛苦中的托尔斯泰为了寻求精神解脱,离开了波

🔹《安娜·卡列尼娜》中的插图

良纳庄园，度过了一段漫无目的的游荡生活。在莫斯科，他住在朋友别尔费里耶夫家中(这个朋友后来成为《安娜·卡列尼娜》中奥勃朗斯基的原型)，时常出入一些无聊的宴请和舞会场所。

1849 年夏，托尔斯泰在从圣彼得堡返回家乡的途中，结识了才华出众的德国钢琴家鲁道夫。在托尔斯泰的盛邀之下，鲁道夫欣然前往波良纳庄园做客。在他的影响下，托尔斯泰的心中甚至萌发了做一名职业音乐家的念头。然而不久，他的兴趣又转向了教育事业。随后，托尔斯泰在家乡创办了一所学校，招收了 20 名农民的孩子，由粗通文字的仆人福卡执教，授课内容为识字、算术和圣经。这是托尔斯泰为农民办学的初次尝试，他在开办学校的过程中获得了极大的精神满足。后来他在致塔吉雅娜姑姑的信中说："学校就是我的命根子，就是我摆脱一切生活忧虑、怀疑和诱惑的修道院和教堂。"但后来，学校在两年后因托尔斯泰入伍远走高加索而停办。

🖼 劳伦斯·斯特恩(1713—1768)，英国感伤主义文学主要代表、小说家。出身于军官家庭，从剑桥大学毕业。主要小说有《特里斯川·项狄传》和《感伤的旅行》。

1851 年前后，处在矛盾和探索中的托尔斯泰开始徜徉于文学的海洋。斯特恩的小说《感伤的旅行》使他颇受触动。当他身处在繁华的街头时，常常会想起那本书中的情节，继而又联想到眼前这些形形色色的人物，联想给了托尔斯泰一种强烈地要把眼前的一切写成文字的愿望。于是，他开始了生平第一部中篇小说《茨冈人生活的故事》和小说《昨天的故事》的创作。但是，这两部小说最终都没有完成，保存至今的仅是《昨天的故事》中一些残缺的手稿。

《童年》和《少年》

1851 年 4 月，托尔斯泰以志愿兵身份参加袭击山民的战役，后作为"四等炮兵下士"在高加索部队中服役两年半。

沙俄军队与高加索山民之间的对峙由来已久。18 世

➡《童年》这部小说反映了一个敏感、热情、出身于贵族家庭并喜欢做自我剖析的儿童的精神成长过程。

纪,沙俄兼并东高加索和北高加索地区。19世纪初期,沙俄军队便开始了对高加索山民的讨伐。当地信奉伊斯兰教的车臣人和达吉斯坦人便成立军队,有组织地抗击俄军的入侵,并屡屡获胜。

在高加索,托尔斯泰因为表现优异,被晋升为准尉。1854年3月,他加入多瑙河部队,并自愿调赴最危险的前线,在第四号棱堡任炮兵连长。在残酷的战争中,托尔斯泰看到平民出身的军官和士兵的英勇精神和优秀品质,加强了他对普通人民的同情和对农奴制的批判态度。因此,托尔斯泰确立了他将要一生为之奋斗的事业——文学创作。

➡托尔斯泰给孩子们写了很多的童话,《三只熊》是其代表作之一。

在高加索服役期间,托尔斯泰开始创作,他写下了自传体三部曲的前两部:《童年》和《少年》。

《童年》的创作并非一帆风顺,因为托尔斯泰总是不断地发现许多地方不尽如人意,他认为文章“文字太粗,思想太少,以致无法原谅的空洞”。在经过4次认真的修改后,托尔斯泰带着对自己文学才能的疑虑,将连真实姓名也没有署上的《童年》文稿寄到了《现代人》杂志的主编涅克拉索夫手中。涅克拉索夫却对托尔

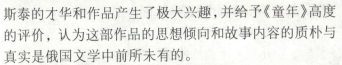

斯泰的才华和作品产生了极大兴趣，并给予《童年》高度的评价，认为这部作品的思想倾向和故事内容的质朴与真实是俄国文学中前所未有的。

1852年9月，《现代人》杂志刊登了小说《童年》，题目易名为《我的童年的历史》。小说通过对小主人公伊尔倩耶夫无邪快乐而又富有诗意的内心世界的细致入微的描写，反映了一个敏感、热情、出身于贵族家庭并喜欢做自我剖析的儿童的精神成长过程。这部小说一经问世，就在俄国文坛上引起了强烈的反响，这给了托尔斯泰极大的鼓舞。很快，托尔斯泰又完成了短篇小说《袭击》《台球房记分员笔记》等作品。然而多年以后，托尔斯泰却对这部助他成名的著作表现出十分苛刻的态度。他对其中那些迷人的诗意、细腻的笔触以及精微的情感都感到憎厌。后来的作品更多的是表现一颗苦闷的灵魂。

1853年4月，小说《少年》也在《现代人》杂志上发表了。这部小说以托尔斯泰亲身经历的一次战斗为情节基础，活生生地塑造出一些不同类型的俄国军人的形象，抨击了毫无意义的残杀。托尔斯泰以其卓越的心理分析才能描写了主人公伊尔倩耶夫的精神成长历程：随着主人公视野的扩大，他的新的道德追求和批判意识觉醒了。

《少年》这部作品所引起的反响比《童年》更大。很多评论家都称赞托尔斯泰具有"进行细腻的心理分析的卓越才能"。文学大师屠格涅夫则称"托尔斯泰是果戈理的继承者，但又是一位具有独创精神的继承者"，是"一等的天才"。

《童年》和《少年》这两部作品使年轻的托尔斯泰获得了很高的文学声誉，也更加坚定了他走上伟大的文学创作之路的信念。

1855年9月，英法联军攻下俄国黑海舰队要塞塞瓦斯托波尔，最终取得克里米亚战争的胜利。

两个思想派系

1853年6月，克里米亚战争爆发了。在紧张的战斗中，托尔斯泰仍然致力于文学创作和对文学作品的博览，歌德、莱蒙托夫、普希金的诗是他的最爱。尤其是普希金的叙事诗《茨冈》，给了托

🔺 车尔尼雪夫斯基1856年发表在《现代人》杂志上的论文结尾处，这样写道："拥有这种才华的是一个生命力充沛的年轻人，他有远大的前程——在这前途上他会遇到许多新东西，许多新思想还会激荡在他的心胸……我们可以预言，迄今为止，托尔斯泰伯爵给我们文学的一切，只不过是他今后成就的保证；但这保证是那么丰富和美好！"

尔斯泰强大的震撼，因为主人公的心境与他的心境是何等的相似。诗中这样描写贵族青年阿乐哥对于贵族阶层的鄙夷之情：

失去自由的城市令人窒息，
围墙里人们挤得熙熙攘攘，
无法呼吸到那清晨的凉爽，
闻不到草地上春天的气息。
以爱为耻、思想受到压迫，
对着那死的偶像低垂着头，
为的就是寻求金钱和枷锁。

托尔斯泰不禁感叹道："这些诗对我是如此震撼，奇怪的是，在这以前我却还不理解它们。"

在战斗之余，他废寝忘食地开始了自传体小说三部曲的最后一部《青年》的创作，并先后完成了小说《伐木》和《塞瓦斯托波尔的故事》。

由3篇小说构成的《塞瓦斯托波尔的故事》从人道主义立场出发，真实而尖锐地刻画了充满血腥的残酷战争给人民带来的苦难和不幸，反映了托尔斯泰希望不再有战争的良好愿望。他还将那些贪生怕死的贵族军官和奋勇杀敌、具有崇高的爱国热情的下级军官及普通士兵加以对照，将最美的赞颂之辞献给了平凡的士兵们。

托尔斯泰的作品引起了沙皇政府的不满和干预，以至于在出版时被改得面目全非，而且还没能署上作者的名字。但这并没有动摇托尔斯泰的爱国热情和创作欲望。托尔斯泰气愤地在日记中写道："昨天有消息说，这部作品被歪曲得不成样子，并且发表了。看来蓝衣党（宪兵）很注意我，因为我写了那些文章。但愿俄国时时都有这样重道德的作家。我无论如何也不可能做一个说甜言蜜语的作家，也不可能去写没有思想、没有目的的无聊的空话。"

1855年，已晋升为中尉的托尔斯泰曾以军事信使的身份前往圣彼得堡。在那里，托尔斯泰受到了屠格涅夫和涅克拉索夫等人的欢迎，并逐渐结识了冈察洛夫、费特、德鲁日宁等作家和批评家。在这里他以不谙世故和放荡不羁而被视为怪人，他不喜爱荷马和莎士比亚也使大家惊异。

不久，他同车尔尼雪夫斯基相识，但不同意后者的文学见解。因为这段时期，俄国社会尖锐的思想斗争使文艺界也产生了不同的思想派系——以德鲁日宁为首的贵族自由派和以车尔尼雪夫斯基为首的革命民主派。虽然托尔斯泰同情农民的生活处境，但他却很赞同以德鲁日宁为首的贵族自由派，甚至宣称德鲁日宁等人是他"最为宝贵的三人同盟"。同时，他十分强调维护贵族地主阶级的利益，对进步的俄国文学方向持怀疑态度。

　　托尔斯泰的言行引起了进步文学界的不安。车尔尼雪夫斯基担心托尔斯泰的才华会毁于那些文学上的"美食家"之手，便写信劝告他不要压灭对俄国现实的"真诚的怨忿"，"我们愈是怨忿得厉害……我们将会愈加热爱自己的祖国"，"作家要做那些没有发言权的、受屈辱的人的辩护者"。

　　1856年11月，托尔斯泰以中尉军衔结束了戎马生涯。同时，游移于革命民主派和贵族自由派之间的、矛盾的他还完成了自传性的小说《一个地主的早晨》和《青年》。

　　1857年1月29日，托尔斯泰开始了第一次在国外的游历生活，并希望这次远行能让自己获得新的生活感受。

　　历时半年的国外之行使托尔斯泰的视野大为拓宽。尽管那些资本主义文明所滋生出的虚伪令他厌恶，但不可否认，托尔斯泰也看到了进步的社会、平等的人们以及舒适的生活环境。相比之下，托尔斯泰看到了俄国人民的受压迫境地是何等的触目惊心。

　　一直把教育视为改良社会重要途径的托尔斯泰决定再次办学，来挽救俄国的现实。经过修葺的学校面目一新，除了添加了一些教学仪器和开设了一些实用有趣的课程外，还聘请了一大批年轻教师。

　托尔斯泰的书房并没有什么特别之处，书桌很小，堆放着书籍和纸笔。不朽的《战争与和平》《安娜·卡列尼娜》《复活》便诞生于此。

另外,他还创办了《雅斯纳亚·波良纳》教育杂志。到1862年,托尔斯泰已经先后创办了20多所远近闻名的学校。

但是,托尔斯泰普及国民教育的行动却遭到了腐朽的沙俄政府的不满和周围地主的嫉恨。沙俄政府派人搜查了他的住宅和学校,并赶走了教师。就这样,托尔斯泰想通过国民教育来挽救俄国的美好愿望又一次破灭了。但是,他一直没有灰心,19世纪70年代初期,当《战争与和平》这部巨著问世以后,托尔斯泰又一次开办学校,并把更多的精力用在了一套名为《启蒙教育》的教材编写上。直到晚年,托尔斯泰仍旧把办学看做是自己"一生中最幸福的时期"。

《战争与和平》

1862年9月28日,已经34岁的托尔斯泰和莫斯科名医别尔斯18岁的女儿索菲娅举行了庄严而又隆重的婚礼。

婚后,托尔斯泰尽情地享受着家庭生活的乐趣。由于这段婚姻的恩泽和爱情的荫庇,托尔斯泰在闲暇中构思着并最终实现了自己的思想杰作,影响着19世纪整个小说

🔸《战争与和平》中仔细的描述了波罗底诺战役。

界的巨著——《战争与和平》即将诞生。

《战争与和平》是一部伟大而又鸿篇的史诗巨著，它的创作构思始于托尔斯泰新婚后的第一年。起初，托尔斯泰创作的主要目的是为了歌颂在 1812 年卫国战争中那些先进贵族的功绩。然而，随着作家激情的投入和对历史的分析与研究，这部作品最终变成了一部反映俄国在历史转折时期的命运和探索众多社会哲理问题的鸿篇巨著。

《战争与和平》的创作经历了整整 7 年的时光。从厚达 5000 多页的稿纸中，人们不难体会到作家的艰辛。为了做到"甚至最微小的细节都忠实于历史"，托尔斯泰阅读了难以计数的历史资料和有关著作，走访了许多亲身经历过有关事件的人们，并亲自来到当年的战场考察。

🔺《战争与和平》中的插图

作品一开始，先描写了俄国社会正在享受着战争前夜的片刻安宁；接着，又以准确的手法与卓越的讥讽口吻，映现出一种浮华的心魂的虚无幻灭之境；之后，波涛开始翻腾了，在无可幸免的命运支配下，战争爆发了。在民族危亡的紧急关头，贵族库拉金之流漠视国家命运，畏敌如虎，他们更加关心的是寻欢作乐、积聚私产。而与他们有着强烈反差的是另外两个贵族家庭——罗斯托夫一家和包尔康斯基一家。他们身上仍旧保留着淳厚的古风，热爱人民、热爱祖国。作家在此指出，祖国的前途只能是优秀贵族与劳苦大众的合作。

在这部作品中，青年贵族安德烈有着过人的才智、坚强的意志；他鄙视上流社会的庸俗，渴望在战场上赢得荣誉与功名。当他在奥斯特里茨战役中受伤独自一人面对无际的苍穹时，感到个人功名其实是那么的渺小：

"他只看见在他的头上，极高远的地方，一片无垠的青天，几片灰色的薄云无力地飘浮着"，"何等的宁静！何等的平和！他对着自己说，和我狂乱地奔驰相差多远！这美丽的天我怎么早没有看见？终于窥见了，我何等的幸福！是的，一切是空虚，一切是欺骗，除了它……它之外，什么也没有……如此，颂赞上帝吧！"

世界大文学家成功故事

这段文字似乎是作家对永恒的礼赞，对安详、宁静的憧憬和对幸福的最终理解。蔚蓝色的、庄严、宁静而悠远的天空，超脱于人类所

拿破仑从莫斯科撤退

有的痛苦、欢乐之上的永恒和安宁，也许这才是作家内心深处真正的精神寄托。

作品中的另一个青年——比埃尔，是安德烈的挚友，曾经迷恋过拿破仑的"民权平等"思想。但当这些梦想破灭后，他开始痛苦地思考生与死、善与恶这些人生的哲学。最终，在人民力量的感召下，比埃尔逐渐成为了一位进步的贵族知识分子，也最终成为了托尔斯泰笔下的"光荣的人们"。

在《战争与和平》中，有一个被诗意化了的形象，她就是娜塔莎。娜塔莎热情、善良、秀美，在美好的春夜，她在月光下将心底的热情诉说，不远处安德烈在倾听着……恋爱、爱的期待、甜蜜的美梦在春风中荡漾。然而不久以后，迷人的娜塔莎却经历了一场感情波折和危机，这令她长大了，成熟了。小说即将结束时，娜塔莎成为了比埃尔的妻

娜塔莎

子，一个理解并支持丈夫事业的十二月党人的妻子。最后，书中的两个英雄比埃尔和安德烈，也看到了期望中的爱情与信仰，并终于感受到了精神的解脱和欢乐。

托尔斯泰在《战争与和平》中描述了一种人世间最崇高的爱——博爱。它无须一个具体的对象，而是出自每一颗善良的心。此外，托尔斯泰也显露出了非同一般的感知力和探索精神，他那捕捉生活细节的敏锐力也并非一般作家可以企及的。这部巨著的问世在俄国文坛掀起了强烈的反响。应该说，这部作

品是一部天才之作，是"我们的时代最伟大的史诗"；而托尔斯泰更无愧于"文学界真正的雄狮"的美称。

《安娜·卡列尼娜》

　　1869 年，托尔斯泰完成了伟大的《战争与和平》。不久，他的世界观就发生了激变。

　　1873 年春，托尔斯泰开始了长篇小说《安娜·卡列尼娜》的创作。1875 年《俄国导报》开始陆续刊出。经过 4 年艰辛的创作，这部小说终于完稿。1878 年 1 月，完整的《安娜·卡列尼娜》的单行本在莫斯科出版。

　　小说主人公安娜·卡列尼娜是一个上流社会中具有个性解放色彩的贵族妇女形象。她年轻时嫁给了虚伪冷酷的卡列宁。后来，在与沃伦斯基的相识与交往中，安娜心底那沉睡的爱被激情和生命的意识唤醒了。他们在不知不觉中热恋起来。当沃伦斯基向安娜表白爱情之时，安娜的脸上散发出一种"不是欢乐的光辉，而是在黑夜中爆发火灾的骇人光辉"。这份爱使她不顾丈夫的威胁和上流社会的"道德规范"，毅然抛弃了名誉、地位、家庭乃至心爱的儿子，和自己所爱的人一起私奔了。然而，安

🔷 安娜·卡列尼娜

娜的反抗注定要以悲剧结束。当他们一起到国外旅行，享受着幸福与欢乐的同时，思念儿子和内心谴责之情随即产生。另一方面，那个受上流贵族社会驯化的公子哥儿沃伦斯基却退缩了，竟把安娜看做是推卸不掉的精神负担。终于，将爱情看做生命中唯一幸福寄托的安娜绝望了，但残酷的命运逼迫她终于选择了卧轨自杀。

　　在安娜人生的最后一刻，"生命带着它种种灿烂欢乐

世界大文学家成功故事

🔺 安娜是世界文学史上最优美的女性形象之一。她以深刻的内心体验和强烈真挚的感情,以蓬勃的生命力和悲惨的命运紧紧抓住了读者的心。

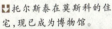

的往事刹那间又来到她的眼前"：她曾经是那么的热爱生活，富有旺盛的生命力；而现在，她却只能在无情的、冰冷的铁轨下走完人生中最后的时光……如此强烈的悲剧结尾深深地震撼着每一个读者的心灵。

安娜的悲惨命运让人们深刻地领悟到了沙俄时代社会的黑暗，法律、道德、宗教的腐朽，以及上流社会中人与人之间的虚伪。

在这部书中，托尔斯泰仍安插了一些关于其他人物的故事。列文是托尔斯泰塑造的又一个理想的精神探索者形象，身上明显带有托尔斯泰自己的影子。列文希望通过实行农事改革，抵制资本主义的发展，在维护现行的土地所有制的条件下，调和地主与农民的矛盾，结果以失败告终。这一结局的设计，说明托尔斯泰不愧为清醒的现实主义作家；但在对农奴制改革后俄国向何处去的探索中，他最终却得出只有通过宗法制来改革社会的结论，即反对暴力，实行"道德的自我完善"，这初步显示了"托尔斯泰主义"的萌芽。

《安娜·卡列尼娜》如同一部俄国 19 世纪六七十年代社会生活的百科全书，涉及当时社会生活的各个方面。《安娜·卡列尼娜》也因此在世界文学史上占有不朽的地位。

1877 年，俄国社会的动荡不安，使托尔斯泰试图通过宗教来寻求解脱。这年 7 月，他第一次来到著名的奥普京修道院，并从那时开始，坚持吃斋、上教堂。但他却很快发现，教会狂热地支持沙皇政府发动战争，镇压人民。这使他意识到，教会的做法与真正的教义是格格不入的。

1878 年，俄土战争又爆发了。乡村农民的生活进一步赤贫化，社会生活更加动荡不安，令托尔斯泰为之深感忧虑。他走访了好多教堂，研读了各种哲学和

托尔斯泰在莫斯科的住宅，现已成为博物馆。

宗教著作。在这期间,他写下了《教会与宗教》《基督徒可以做什么,不可以做什么》等文章,深刻揭露了教会行为与精神之间的南辕北辙。同时,他开始着手撰写《忏悔录》和《教条神学批判》。托尔斯泰憎恨政权和官方教会,但又否定政治斗争和革命暴力的意义,这种矛盾对他以后的生活和创作产生了重要的影响。

1882 年,《忏悔录》完成了,预示着托尔斯泰向贵族阶级世界观宣告彻底决裂。从此,他坚定地站到了淳朴的农民一边。

人民的代言人

世界观转变以后的托尔斯泰,开始以宗法制农民的观点看待一切问题。他唾弃贵族资产阶级寄生堕落的腐朽生活,决心"劳动、谦卑、受苦、救人"。

1881 年秋天,托尔斯泰全家迁往莫斯科居住。从此,托尔斯泰在莫斯科断断续续度过了一生中近 20 年的时光。

初到莫斯科,托尔斯泰对那里贫富悬殊的现象感到痛心,他的生活日趋平民化。托尔斯泰开始自己料理自己的生活,还经常做一些体力活儿,如劈木头、生茶炊和擦靴子,

与托尔斯泰同时代的画家列宾创作的这幅《伏尔加河上的纤夫》,正是 19 世纪沙皇残酷统治下俄国劳苦大众深受压迫和欺诈的缩影。

并辞退了家里的一些仆人和厨子。

为了进一步"学习农民的信仰"，过平民化的生活，托尔斯泰先后访问调查了好几处贫民聚居地。但他所到之处，见到的却是一群群衣衫褴褛的流浪汉、乞丐和农民。这种可怕的贫穷和堕落使他感到特别痛心，并强烈地渴望立即改变自己奢侈的生活。在《那么我们应该怎么办？》这篇文章中，他详尽地谈到了这些悲惨景象给他的深刻刺激，并怒斥贵族们的虚伪冷漠和无动于衷。他在《莫斯科人口调查》一文中又对人民的这种生活做出了尖刻的评论："难道就这样止步吗？""没有任何事业能比改变或扫除这种生活发展的障碍更为重要了。"托尔斯泰的言行很快激起了沙皇政府和正教教会的不满，他们于是想方设法加紧对他进行迫害。

俄国人民的困苦生活

1882 年秋，沙皇政府传令各地，密切注意防范托尔斯泰的"有害活动"，并派特务对他进行监视。与此同时，他们还明令禁止出版"破坏社会和国家组织"、"并且根本违反教会教义"的《忏悔录》和《那么我们应该怎么办？》等论文。但托尔斯泰却依然一如既往地关心农民，替农民说话。

19 世纪 80 年代中期，托尔斯泰创办了媒介出版社，主要出版人民大众的优秀读物。出版物因通俗的内容、低廉的价格，很快拥有了大批读者。

媒介出版社推出读物最多的就是托尔斯泰自己的作品。在媒介出版社成立初期，他先后写出了《哥儿俩和黄金》《两个老人》《人们靠什么生活》《人需要多少土地》等许多有影响力的民间故事。这些作品通过描写社会的黑暗和人民的不幸，有力地抨击了宫廷贵族老爷的残暴与贪婪，并处处流露出"托尔斯泰主义"思想。

19 世纪 80 年代后期，托尔斯泰又先后创作了一些小说和剧本，其中包括中篇小说《伊万·伊里奇之死》《克莱采奏鸣曲》，剧本有五幕悲剧《黑暗的势力》和四幕喜剧《教育的果实》等。

1889 年，经过重新改写的剧本《教育的果实》在波良纳庄园首次上演。它反映了贵族老爷生活的腐败和农民土地奇缺的社会现实。在剧本中，农民成了主角，而那些贵族老爷则成了被批评和讽刺的对象。这部戏剧在莫斯科首次公演后，更是引起了强烈的轰动。但鉴于它"嘲笑了贵族阶级"，最终也遭到了同《黑暗的势力》一样的禁演命运。

这两部剧作是托尔斯泰经历了精神探索和世界观的激变后写成的，更容易让普通人接受。由此，托尔斯泰的戏剧被称作"人民的戏剧"，而作家本人也就当之无愧地成为了人民的代言人。

19 世纪 90 年代初期，俄国发生了罕见的大旱灾，使本来就贫困的农民陷入了水深火热之中。已经 60 多岁的托尔斯泰为了救助灾民终日奔走呼吁，使社会各界深受触动而纷纷向灾区捐款。

这是位于莫斯科市内的托尔斯泰博物馆。托尔斯泰生前曾在这里生活了近 20 年。在这 20 年中，他创作了大量优秀作品，长篇巨著《复活》即在此诞生。

这期间，托尔斯泰写下了大量的论文，如《论饥荒》《论救济灾民的办法》《关于救济灾民最后报告的鉴定》和《天国在你心中》等。他以犀利的文笔揭示出了人民在繁重的赋税和土地奇缺的情况下受灾、受饥饿的惨状。作家在写下这些文章的同时也认识到，救灾活动不可能从根本上改善农民的处境，而那些贵族的"恩赐"（包括自己在内）背后"有某种极为可怕的东西"。这些论文字里行间都贯穿了托尔斯泰"勿以暴力抗恶"的宗教道德学说。

托尔斯泰的赈灾言行引起了沙俄政府的震惊和不安，但鉴于托尔斯泰的巨大声望，他们不敢妄自施用严厉的惩罚手段。

《复　活》

早在 1887 年，托尔斯泰就曾从朋友处听到过这样一个故事：10 多年前，一个贵族青年请求一位检察官将一封信转交给一位女犯人。在与贵族青年的交谈中，检察官了解到女犯人是个妓女，因盗窃而被判处 4 个月的监禁。而那个贵族青年竟提出要与女犯人结婚。这件事使周围的人大为震惊。但是青年为了表示自己的决心，不断地前去探望这个姑娘，直至不久后姑娘患伤寒死去。

托尔斯泰的长篇小说《复活》的题材就是来源于这个故事。世纪之交，71 岁的托尔斯泰终于完成了《复活》。

《复活》的小说主人公卡秋莎·玛丝洛娃本是一个贵族地主家的养女，她被主人的侄子、贵族青年聂赫留朵夫公爵占有后遗弃。由此她陷入了苦难的生活，她怀着身孕被主人赶走，四处漂泊，沦为妓女。后来又

▲《复活》中的插图

被人诬陷谋财害命而被捕入狱。10 年后，当聂赫留朵夫以陪审员的身份出庭审理玛丝洛娃的案件，他认出了被告就是 10 年前被他遗弃的玛丝洛娃，他受到了良心的谴责。为了给自己的灵魂赎罪，他四处奔走为她减刑。当所有的努力都无效时，玛丝洛娃被押送去西伯利亚，聂赫留朵夫与她同行。途中，传来了皇帝恩准玛丝洛娃减刑的通知，苦役改为流放。这时的玛丝洛娃尽管还爱着聂赫留朵夫，但为了他的前途，拒绝了他的求婚，与政治犯西蒙松结合。在对新生活的渴望中，玛丝洛娃的精神终于得到了彻底的、完全的复活。而聂赫留朵夫也在上帝那里找到了灵魂的归宿。这两个主人公的经历，表现了他们在精神上和道德上的复活。

《复活》是托尔斯泰长期思想、艺术探索的总结，也是对俄国社会批判最全面深刻、有力的一部著作。这部小说也比其他任何一部作品更加清楚地使人们认识了托尔斯泰。

《复活》完成后，年逾古稀的托尔斯泰依然孜孜不倦地

进行着文学创作，他先后写下了一批极富艺术成就的作品。

短篇小说《舞会之后》是托尔斯泰晚年的炉火纯青之作。论文《什么是艺术》对不同的艺术理论进行了评述，并力图站在人民大众的立场上阐明自己对艺术的本质和意义的看法。在《当代的奴隶制度》中，作家则真实地描写了工人悲惨的劳动和生活情景，并愤怒地提出"只有消灭政府，才能把人们从奴隶制度下解救出来"。虽然托尔斯泰并没有指出解决问题的具体办法，但他如此大胆而又深刻的揭露，早已引起了人们强烈的反响。

《新时代》编辑曾这样评论托尔斯泰："我国有两个沙皇：尼古拉二世和列夫·托尔斯泰"，"尼古拉二世对托尔斯泰毫无办法"，可"托尔斯泰无疑正在动摇尼古拉和他的王朝宝座"。

慑于托尔斯泰的世界威望，沙皇政府只好对他采取了一些不彻底的惩罚措施。1901 年 2 月，俄国最高教会机关宗教院开除了托尔斯泰的教籍。

1908 年 5 月，当托尔斯泰从报纸上看到了 20 名农民被判绞刑的消息后，悲愤地写下了长篇论文《我不能沉默》。这时的托尔斯泰，最终将斗争的锋芒指向了最高当局沙皇政府，指责他们是暴行的制造者，应该为自己的行为感到"可耻"！这些愤怒的揭露和批判，对沙皇震动很大，更令沙皇政府心惊胆战。

最后的岁月

1901 年 5 月 8 日，73 岁的托尔斯泰决定结束近 20 年的莫斯科生活，返回波良纳庄园。

晚年，荣誉和金钱双丰收的托尔斯泰并不幸福，他为自己的家庭陷入上层特权社会而感到痛苦，这直接导致他和妻子索菲娅的关系出现了裂痕。

1891 年春天，托尔斯泰宣布放弃私有财产。7 月份，他又提出放弃 1881 年以后所有著作的版权。为此，他和妻子索菲娅闹得不可开交。

在不被亲人理解的痛苦中，托尔斯泰依然没有停下手

托尔斯泰和妻子索菲娅

中的笔。在 1908—1910 年这两年的时间里，他先后完成了五六十部小说、剧本和政论的创作。

1910 年 10 月 28 日夜，为了作品版权与遗嘱，和家人再次发生冲突后的托尔斯泰毅然决心离家出走，到农民中去生活。在女儿萨莎和医生的陪伴下，82 岁的托尔斯泰秘密离开了雅斯纳亚·波良纳庄园。

目前唯一存世的托尔斯泰彩色照片

经过一连几天奔波后，劳累的托尔斯泰在火车上偶感风寒，得了肺炎，不得不停下来暂住在阿斯塔波火车站。11 月 1 日，天气阴沉寒冷，托尔斯泰给儿女们写下了最后一封信。第二天早上，他的病情开始恶化。随后一连几天，他一直处于昏迷状态。弥留之际的托尔斯泰并没有忘记自己一生的追求，6 日晚上，他把儿子谢辽沙叫到跟前，用微弱的声音说出最后几句话："探索，永远探索！""我爱真理……非常……爱真理……"

1910 年 11 月 7 日早晨，82 岁的托尔斯泰在异乡的小站上走完了自己人生的旅程。两天后，在悲切感人的《永久思念》的歌声陪伴下，送葬的人们心中怀着无限的悲痛和忧伤，向这位俄国文坛的巨人告别。他的遗体被安葬在溪水淙淙的扎卡斯峡谷旁，附近有一条仿佛看不见尽头的小路，幽静而朴素，两边枝杈交错的白桦树编织出一片片绿阴。

托尔斯泰一生的战斗终于停歇了，在这场以 82 年的生命作为代价的战斗中，这位文学大师完成了《战争与和平》《安娜·卡列尼娜》与《复活》等，这些作品中，埋藏着一颗不朽的灵魂，这颗灵魂永远散发着真理与爱的光芒！

托尔斯泰生前的研究所

大 事 年 表

1828 年	8 月 28 日,列夫·托尔斯泰出生。
1844 年	考入了喀山大学东方语言系。
1847 年	从喀山大学退学。
1851 年	4 月,前往高加索部队服役。
1852 年	9 月,《现代人》杂志刊登了小说《童年》。
1853 年	4 月,小说《少年》在《现代人》杂志上发表。
1856 年	11 月,结束戎马生涯。完成自传体小说《一个地主的早晨》和《青年》。
1862 年	9 月 28 日,和索菲娅举行了婚礼。
1869 年	完成《战争与和平》。
1878 年	1 月,完整的《安娜·卡列尼娜》的单行本在莫斯科出版。
1899 年	长篇小说《复活》完成。
1901 年	结束近 20 年的莫斯科生活,返回波良纳庄园。
1910 年	11 月 7 日,82 岁的托尔斯泰在异乡去世,遗体被安葬在扎卡斯峡谷旁。

马克·吐温

　　马克·吐温原名塞缪尔·朗赫恩·克里曼斯，是美国批判现实主义文学的奠基人，世界著名的短篇小说大师。他经历了美国从"自由"资本主义到帝国主义的发展过程，其思想和创作也表现为从轻快调笑到辛辣讽刺再到悲观厌世的发展阶段。主要代表作有：《汤姆·索亚历险记》、《王子与贫儿》、《哈克贝里·费恩历险记》、《贞德传》等。马克·吐温被誉为"美国文学中的林肯""最具美国本土特色的作家"。

阳光中的阴影

19世纪30年代，在美国密苏里州名叫佛罗里达的偏僻村庄里，住着一户平凡而又普通的人家：丈夫约翰是一名品行优秀、正直诚实的法官。妻子简·兰伯特热情爽朗、心胸开阔，具有十足的乐天派性格。

1835年11月30日，约翰与简的孩子出生了，他们为这个婴儿取名为塞缪尔·朗赫恩·克里曼斯，他就是日后享誉世界的大文豪马克·吐温。

深受双亲的影响，塞缪尔从小性格坚韧顽强，不轻易服输，崇奉真理，为人诚实正直。同时，他又乐观开朗，幽默诙谐。

⬆ 马克·吐温故居

1839年11月，约翰一家从佛罗里达村搬到了密西西比河西岸的汉尼巴尔。汉尼巴尔是座刚开发不久的小镇，密西西比河从它身旁流淌而过，茂盛葱郁的森林把它淹没在绿色之中。

密西西比河上留下了塞缪尔许多惊险的回忆。对大自然澎湃的热爱之情以及顽强的个性，使这个汉尼巴尔的孩子从小就在探险中无所畏惧，充满勇气。

从小就投身在大自然的怀抱之中，为数不清的神奇事物而神往，一串串讲不完的童年趣事，让塞缪尔有着丰富的感情，开阔的胸怀，广博的视野和浪漫的心境。

⬆ 1839年11月，父亲约翰带着全家从佛罗里达搬到了密西西比河西岸的汉尼巴尔。

成年后，马克·吐温将这些美好的回忆用笔记录下来：金色的童年时代，一起玩耍的孩子们，神秘而又令人恐惧的山洞，波光粼粼的密西西比河……都出现在那本充满了童趣与幽默的《汤姆·索亚历险记》中。

事实上，塞缪尔的童年并非总是被这样的快乐所包围，他也触及到这个世界的阴暗一面。在塞缪尔的家乡汉尼巴尔，奴隶制度得到了法律的许可，教堂和公认的道德准则也要求人们尊敬奴隶主。在汉尼巴尔码头附近，常常有黑人躺在地上，等候轮船把他们运到"下游"南方棉花种植场去。

10岁时，塞缪尔曾亲眼看到一个白人监工为了一点小事，用铁块砸一个黑人的头。这件事给塞缪尔留下了深刻的印象，他第一次体会到了黑人的悲惨的生活。

1847年3月的一天，47岁的父亲约翰·克里曼斯因患上胸膜炎以及肺炎去世了。12岁的塞缪尔那洒满阳光的幸福童年结束了。

父亲死后，家里失去了经济来源。塞缪尔只好告别了学校，到印刷所去当了一名排字学徒工。

学徒的生活十分艰苦，几乎每顿饭都是限量的清汤寡水、萝卜白菜加一片薄面包，偷吃者会受到严厉的惩罚。尽管如此，塞缪尔和其他学徒还是会冒着被痛打、挨饿、罚苦役的危险，去地下室里偷山芋充饥。

↑1850年，在印刷所当学徒的塞缪尔。

尽管塞缪尔那双灰蓝色眼睛所看到的成年人世界并不使他愉快，但他那种生来乐观的精神和坚韧的毅力，并未使他灰心丧气。他的情绪仍然那样饱满，尽情自得其乐。

1850年，塞缪尔的哥哥奥利安在汉尼巴尔办了自己的《西部联合报》，于是，塞缪尔来到了哥哥的印刷所。这时，塞缪尔的一些初期作品已经开始初露端倪。

塞缪尔大胆地写作讽刺小品文，格调明快、轻松。他的第一篇短篇小说在波士顿的滑稽周刊《手提包》上发表了，题为《花花公子吓唬穷光蛋》。小说描写了汉尼巴尔的一位伐木工人一拳将爱吹牛皮、为向年轻的女士献殷勤而来挑衅的花花公子打落水中的故事。

篇幅达数卷之多的马克·吐温自传笔记说明，童年和少年时代美好和阴暗两方面的印象，在他的思想上留下了深刻的痕迹。他那颗渴望着欢笑的心灵，对痛苦、不幸、邪恶尤为敏感。也许正因为生活很早就向他展示了阴暗面，未来的作家才挑战般地树立了对幸福未来的信心，才如此渴望欢笑。

优秀的领航员

一晃 4 年过去了，塞缪尔的家境依然窘迫。1853 年 6 月，塞缪尔带着自己工作攒来的钱，来到了正在举行万国博览会的纽约。东部大都会的繁华让这个来自穷乡僻壤的青年眼花缭乱，万国博览会上的新奇发明让他的双眼应接不暇。塞缪尔口袋里的钱很快花完了，他忍饥挨饿，满城奔波找工作，最后在一家报馆里当上了印刷工人。

大城市中最吸引塞缪尔的是图书馆，在那里，他一下子迷上了浩如烟海的书籍，如饥似渴地通读了几乎所有他最喜爱作家的作品，以及历史、哲学等方面的著作。塞缪尔从小就是美国小说家库柏、英国小说家司各特、狄更斯和诗人拜伦的忠实读者，他熟读塞万提斯的《堂吉诃德》和斯威夫特的《格列佛游记》，很赞赏高尔斯密士的强烈讽刺倾向。

一年后，20 岁的塞缪尔回到了家乡，继续在哥哥奥利安的印刷所帮忙。他非常珍爱阅读的机会，报刊杂志、游记逸事、通俗故事、古典名著他都不放过。

1857 年，在印刷所打工攒够了路费后，塞缪尔坐上了去新奥尔良的船，开始了他只身探险南美的伟大计划。两星期后轮船抵岸，人们告诉塞缪尔探险的重要情报：10 ～ 12 年内不会有船去南美洲的亚马孙河。热血沸腾的南美探险之梦彻底泡汤了，如今，他口袋里连返程买票的钱都不够。塞缪尔又一次陷入谋生的困境中。命运之舟究竟要把他带到哪里去呢？

↑ 塞缪尔在报纸上发表的作品

旅途的经历使塞缪尔产生了当一名优秀的领航员的念头。因为当时领航员有固定的薪水，而且工资很高。在航道专家霍雷斯的严格培训下，塞缪尔开始了领航员的学习。

要胜任1500英里航线上的这个职位，比排字不知要辛苦多少倍。优秀的领航员要有惊人的记忆力，包罗万象的知识，500个险滩、危险的树杈、木头、沉船残骸的位置，每一处急流和渡口的水深都必须牢记。

密西西比河永远是变幻莫测的，昨日还是浅滩沙洲，今日就洪水泛滥，变成一片汪洋。领航员的工作条件十分简陋，既无任何灯塔航标，又无指导航行的参考资料，塞缪尔必须沉着冷静，克服各种困难，承担巨大的风险，随时准备处理好突发事故。塞缪尔勤奋刻苦地学习着领航员的知识，随时用笔记本记录各种事件。

1858年9月，塞缪尔正式成为密西西比河上一名优秀的领航员，开始独立担任领航工作，直到美国内战爆发。

19世纪中期，美国社会内部矛盾急剧激化，愤怒的人们强烈要求废除血腥野蛮的蓄奴制，解放黑人奴隶。1860年，美国总统大选中，共和党人亚伯拉罕·林肯当选总统，以此为导火线，不久，美国南北战争终于爆发。

就在一家人度日如年时，哥哥奥利安突然接到通知，让奥利安出任内华达州秘书，掌管财政、行政事务，年薪1 800美元。原来，10多年前奥利安与爱德华·贝茨结下深交，而此时的贝茨已是总统内阁成员，是他举荐了奥利安。这件事使全家喜出望外，奥利安带着弟弟塞缪尔一起踏上了去内华达州卡森城的路。在近一个月的艰苦跋涉中，兄弟俩安全抵达了卡森城。

↑乔纳森·斯威夫特（1667—1745），爱尔兰作家，著名作品《格列佛游记》以荒诞的情节对当时的英国社会给予了无情的揭露。

成名之作

三年前内华达发现了金银矿,继加州后再次掀起淘金热。大批疯狂的"淘金者"蜂拥而至,寻找财富。

在卡森城,塞缪尔听得最多的就是穷光蛋一夜暴富的神话每天都在变为现实。这些消息使塞缪尔再也按捺不住,他飞奔着去买银矿股票,并且亲自探矿。

然而,在备受淘金的艰苦之后,塞缪尔每次都与宝藏擦肩而过。但他并非一无所获,他亲身经历了采矿淘金的艰辛生活,始终与淘金者、农民、猎户、冒险家、马夫、士兵、伐木工人等普通劳动人民为伍,深刻了解了他们的思想感情,熟悉他们的语言,听到了许许多多口头流传的美国民间故事传说,以及随口而生的即兴幽默,这些都为后来文学创作积累了宝贵的素材。

1862年,塞缪尔在弗吉尼亚市开始了新闻记者的生涯。塞缪尔在这里大有用武之地,他每天在全城东奔西跑,哪里有大事就去哪儿,抢劫杀人、剧场演出、集会游行、矿区发展、股票行情、采矿暴富等无所不包。他把及时得到的材料以幽默讽刺的笔调写成报道发表。

为了在报道暴徒与黑势力勾结的法官和陪审员后避免麻烦,他开始频繁使用笔名"马克·吐温"。因为"马克·吐

马克·吐温亲身经历了那些采矿淘金者们的艰辛生活。

马克·吐温的作品
在矿区大受欢迎

"温"笔调犀利无比，一针见血，所以深受大众喜爱，名气也越来越大。

马克·吐温的真正兴趣是在幽默创作上，他向西部的朋友阿特穆斯·沃德等人虚心请教，阅读了大量当地优秀的幽默作品，并把自己从前听到的许多幽默故事融会在一起，使作品题材更加广泛，文学创作思路更加开阔。

这段时期，马克·吐温比较有影响力的作品有讽刺小说《石化人》，小说通过讲述陪审员如何对300年前的一具死尸开展调查，做出与实际矛盾的可笑论断的故事，以影射、双关等手法辛辣讽刺了当时陪审员制度的弊端。

这时的马克·吐温已经形成自己对社会现实的观点和独特有力的文风。

1865年4月，马克·吐温发表了他的成名作《卡拉维拉斯有名的跳蛙》，它标志着马克·吐温文学事业的开端和一生的转折点。

在《卡拉维拉斯有名的跳蛙》中，马克·吐温塑造了一个使人发笑的人物威勒，因为他不善于有条不紊地、合乎逻辑地进行思维，总是颠三倒四，而小说中主人公所特有的那种脱口而出的连篇妙语，使马克·吐温可以在故事中增加一个真实可信的吉姆·斯迈利这一形象。他喜欢打赌，他随时处于"戒备状态"等待时机。

斯迈利身上生动可笑地体现了一种狂热精神，这种精神左右着许多淘金者的作为。

创作中的马克·吐温

↑马克·吐温在台上滔滔不绝，妙语连珠，笑话百出，台下掌声雷动。

马克·吐温的这部成名作来自丰富而坎坷的现实生活经历，文中的幽默风格夸张而富有人情味，体现了现实主义作家敏锐的洞察力。

《卡拉维拉斯有名的跳蛙》一经发表，便受到了广泛的欢迎，许多报刊相继转载。在旧金山一家报纸的驻纽约记者报道说，人们向他打听这篇令人发笑的作品的作者情况已达50多次。"他们众口一词，说这是目前最好的作品。"

在内战结束后的第一年里，他还写了《坏孩子》《警察在干什么》，这些作品带有鲜明的批判性，满怀同情地反映了陷入困境的穷苦人们的命运。

1866年3月，马克·吐温受《联合报》之邀前往夏威夷负责报道见闻。那时正值"大黄蜂号"快轮起火失事。马克·吐温立即去采访幸存者，连夜报道大船失事的全过程，该新闻作为加州唯一一篇这一重大事件的详报，轰动了全美上下。

1866年7月，马克·吐温回到旧金山，发现自己已经成为万众瞩目的焦点人物之一。他想起幽默作家布朗当时全国巡回演讲的盛况，决心尝试一下演讲的刺激。第一次演讲的冒险行动，一举成功。马克·吐温的演讲风格十分吸引人，从始至终保持一副天真无邪、傻头傻脑、神情冷漠的样子，非常能调动幽默气氛。他的演讲稿见报后广受好评，至此马克·吐温又找到了一门新职业。

《汤姆·索亚历险记》

↓《汤姆·索亚历险记》封面

马克·吐温又一次梦想环球旅行，恰逢"桂格林号"大客轮远航地中海，沿海可以领略法国、意大利、希腊、土耳其、巴勒斯坦、叙利亚、埃及等地的风光。

在欧洲令人神迷心醉的景观中，在浪漫的艺术氛围中，马克·吐温兴奋地汲取着艺术的乳汁。他每到一处，都细致观察记述当地的奇闻逸事、风土人情，使自己的创作素材空前丰富。

从"桂格林号"旅行归来后，马克·吐温成为国会参议员毕布·斯图尔特的秘书,前往华盛顿。斯图尔特6年前是卡森城的律师,靠贪污受贿、炒股票地皮暴发,后来当选参议员,现在他已是家财万贯的华盛顿铁腕人物。

马克·吐温当秘书的时间并不长,但他却有机会紧密接触以往高高在上的美国高层政界的生活,亲身经历了政客们在威士忌酒碰杯声中进行肮脏交易的勾当,亲眼看见首都弥漫着贪污受贿、尔虞我诈的乌烟瘴气。

1868年,马克·吐温创作了短篇小说《我给参议员当秘书的经历》,惟妙惟肖地勾画了这类政客们的丑恶嘴脸。

1869年,环球旅行的收获终于结出了果实——《傻子国外旅行》。在这部书中,马克·吐温以崇敬和欣喜的心情讲述了旅游者在欧亚两洲看到的历史古迹和艺术品,同时,嘲讽了一些不学无术的人的矫揉造作的兴奋、感伤以及种种妄想。这当中自然有不少逗乐的东西。不过,他的玩笑里也有另外的意思。美国"傻子"不把欧洲文明放在眼里,总想用这种办法不仅与旧大陆平坐,而且要胜过旧大陆。

1869年7月,马克·吐温根据欧洲游记改编的《傻子国外旅行》在国内出版,一年内就卖了10万余册,给马克·吐温带来了可观的经济收入,也为他赢得了崇高的荣誉。

1867年12月,32岁的马克·吐温爱上一个娇美文静的姑娘——奥莉维亚·兰登,后被他亲切地称为莉薇。婚后,马克·吐温沉浸在甜蜜幸福之中,婚姻生活为他创造了生活的另一面——温情与伤感,从而大大地丰富了马克·吐温作品的艺术含量,在一定的意义上成就了马克·吐温。

婚后,马克·吐温精神焕发地办起《布法罗快报》,并创作了《田纳西的新闻界》《我怎样编辑农业报》《竞选州长》《神秘的访问》等著名短篇小

▌《汤姆·索亚历险记》的插图

↑1869 年,出版的《傻子国外旅行》

↓《镀金时代》中的故事场景之一——参议员在向学生们演讲

说。马克·吐温的写作笔法日趋成熟。他的下一个目标是创作长篇小说,真正成为作家,向文坛进军。

1871 年 10 月,马克·吐温接受了岳父的馈赠——哈特福德的一所豪华住宅。如今马克·吐温的声望日益提高,一切似乎都向好的方向发展着。

1872 年,马克·吐温出版了第二本书《艰苦生涯》,它描写了 1861—1866 年间,马克·吐温在西部艰苦奋斗的真实经历,插入了不少矿工讲的幽默故事,让无数亲身经历淘金岁月的普通大众感动不已,备受欢迎。

1873 年又出版了《镀金时代》,当时正值美国国内经济危机,书里把社会丑恶完全暴露在人们面前,在全国引起很大震动,头版迅速销售一空。该书前 11 章由马克·吐温创作,以后的由华纳创作,在 4 个月的时间里,两位作家的妻子莉薇和苏珊倾听了每一个章节,不断提出修改意见,给他们创作这部时事小说以莫大的帮助。

这部书的主题十分明确:"借对当时社会的种种腐朽风气的描写,抨击所谓的'黄金时代',让人们看到整个社会在一片繁荣景象掩盖下,到处是丑行劣迹,美国经济在金光闪闪外壳里满是污泥浊水"。书名《镀金时代》恰当隐喻了这个主题。

1871—1889 年,在哈特福德居住的近 20 年里,马克·吐温最喜爱去的地方是夸里农庄,它位于艾尔迈拉以东 3 英里的小山上。就在那里,他完成了《汤姆·索亚历险记》、《哈克贝利·费恩历险记》、《亚瑟王朝里的康涅狄格州美国人》等他一生最有影响力的代表作。

《汤姆·索亚历险记》是具有很高艺术性的少儿读物,又是让成人们深思的讽刺性读物。小说描述了南北战争前,密西西比河河畔的圣彼得堡镇上孩子们的有趣经历,塑造了性格活泼,满脑子冒险计划的汤姆的形象，他善良勇敢、品质正直，给人印象深刻，与小镇居民生活的懦弱浅薄、虚伪守旧形成鲜明对比，嘲讽抨击了当时教育的弊端，宗教的荒谬，江湖骗术的可耻。

小说主题深刻，在写作技法上，马克·吐温被认为是描写分析儿童心理的专家，描绘社会日常生活的艺术大师，讴歌大自然和劳动者的热情奔放的大诗人。马克·吐温运用丰富的想象力，构造出跌宕起伏、引人入胜的情节，其中类似惊险小说手法设置的重重悬念，扣人心弦，书中充满幽默诙谐的故事，内容仿佛是一条永不停息的溪流，带着无穷乐趣流淌在读者的心田。

《汤姆·索亚历险记》一问世就受到社会各方面的广泛赞扬，随着作品的成功，马克·吐温探索出了最适合自己的风格题材，他的创作高峰正在到来。

巅峰之作

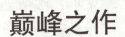

1877年，送走了汤姆的马克·吐温，仍沉浸在童年的美好回忆中，创作激情放纵奔流。他开始蕴酿哈克贝利·费恩的故事。

第二年，马克·吐温带全家去欧洲旅行，访问了德国、英国、法国、意大利、荷兰等国，一边饱览山水风情，一边搜索写作素材。旅行的愉快让他受益匪浅。回来后他出版了《欧洲旅行记》。1880年，他受一本儿童读物的启发创作了童话式幽默讽刺小说《王子与贫儿》。

1882年，为了完成《密西西比河上》，马克·吐温又一次专程到阔别多年的密西西比河进行往返旅行，专访了许多童年伙伴。沿着当年他做领船员时的路线，马克·吐温重温故里，感慨万千。他不安地发现汉尼巴尔依然很穷，人们闷闷不乐，沮丧失落。1883年夏，回到夸里农庄后，马克·吐温一气呵成了《哈克贝利·费恩

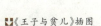
🔖《王子与贫儿》插图

历险记》。

这部小说是《汤姆·索亚历险记》的续篇,不同的是主人公改为哈克贝利,并利用第一人称叙述故事。

小说写的是主人公哈克贝利去寻求自由,来到杰克逊岛,遇到了同是寻求自由的小黑奴吉姆。他们是从小就熟识的好伙伴。两个孩子坐小木

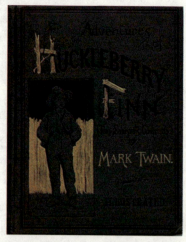

⬆《哈克贝利·费恩历险记》封面

筏一直漂流过俄亥俄河口,到了南方棉花种植园,这儿是美国最残酷的蓄奴制地区。一路上,令哈克贝利焦虑的是和黑奴吉姆在一起,哈克贝利面临两难选择:作为白人,放跑黑奴严重触犯了法律,犯罪感给他带来深深的恐惧,而告发吉姆却是他的良心所不能容忍的。想到吉姆的诚恳无私,哈克贝利不惜违背白人的社会道德准则,智救吉姆。结局是,吉姆的主人临终前宣布给吉姆自由,吉姆获得了解放。哈克贝利的内心重新平静下来,再不为营救吉姆逃跑而不安了。

在尾声中,哈克贝利经过这段漂泊生活,思想真正成熟起来,他要独自一人自由自在的生活。结尾的喜剧性色彩让严肃理性的道德思考归于幽默嬉笑之中。

⬆《哈克贝利·费恩历险记》插图

作为一部文学巨著,全书内涵丰富而深刻。全书在谋篇布局上有非凡的高超技巧,在语言文体风格上的成就开创了美国文学的一代文风,其影响不亚于一场文学革命。

基于此,海明威说:"一切美国现代文学都来自马克·吐温一本名叫《哈克贝利·费恩历险记》的书……一切美国文学创作都从这本书而来。在此之

前是一片虚无,在此之后也没有一本敢与之匹敌的书问世。"

美国影团多年来一直对马克·吐温的小说偏爱有加;1909年,《汤姆·索亚历险记》被拍成黑白片;1917年,《赫克与汤姆》被拍成黑白片;1920年,《哈克贝利·费恩历险记》也被拍成黑白片,当时的《纽约时报》对此片作了好评。

1884年,马克·吐温办起了自己的出版公司——韦伯斯特出版公司,这给他带来了大笔的收入。那时,他屹立在文学创作的巅峰,处在经济上最富有的时期,他的心中升起从未有过的自豪感。然而,1890年,马克·吐温却受到沉痛打击,他的88岁高龄的母亲离开了人世。马克·吐温悲痛地埋葬了母亲,泪流不止。

1893年是马克·吐温创作的鼎盛时期,但他的公司却破产了,他的生活又一次陷入穷困。1895年7月,马克·吐温又开始了他的环球旅行,不同的是,这次是为了演说挣钱。这种1867年由英国作家狄更斯带入美国的作家赚钱方式被马克·吐温发挥到了极致。1899年,马克·吐温终于还清最后一笔债务,重新回到哈特福德的别墅里。

伤逝暮年

1896年,当马克·吐温和妻子还在演讲途中的时候,他们24岁的女儿苏西去世了。苏西漂亮聪明、善解人意,13岁时曾为父亲写传记,17岁写过一个很好的剧本。在他的自传中,马克·吐温大段大段地使用女儿为他写的传记,一字不改。女儿的离去,对马克·吐温是巨大的打击。他

1900年5月,英、法、德、俄、美、比、意、日八国组成联军,八国联军烧杀抢掠,无恶不作,把金碧辉煌的北京变为一片废墟,尸积如山。1901年清政府与11国公使在北京签订丧权辱国的《辛丑条约》,从此中国完全沦为半殖民地半封建社会。

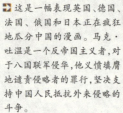
这是一幅表现英国、德国、法国、俄国和日本正在疯狂地瓜分中国的漫画。马克·吐温是一个反帝国主义者，对于八国联军侵华，他义愤填膺地谴责侵略者的罪行，坚决支持中国人民抵抗外来侵略的斗争。

说"根本不能估量这个损失有多惨重，也许只有多少年后，才能算清。"

1900年，在困境中奋力搏击、漂泊异乡9年的马克·吐温回到了纽约。

1897年，哥哥奥利安也离开了他。1904年6月，妻子莉薇在丈夫马克·吐温的安详、蕴涵着深沉的悲哀的曲子中逝去了。悲痛的马克·吐温拒绝了所有的悼念，将陪伴自己生活了36年的妻子葬在孩子苏西的身旁。紧接着，这年9月，马克·吐温亲密无间的姐姐帕梅拉去世了。

晚年的马克·吐温为亲人离去而哀伤，但他绝不仅仅生活在哀伤之中。他性格坚强，积极进取，思想活跃，逐渐形成了进步的政治观点。

早年，马克·吐温就曾著文抨击帝国主义列强在中国设立租界。1874年他写了书信体小说《哥尔斯密的朋友再度出洋》，揭露美国人歧视迫害华工的残忍。1900年，八国联军侵华，马克·吐温在纽约博物院内举行的公共教育协会年会上发表了《我也是义和团》的演讲，义愤填膺地谴责侵略者的罪行，支持中国人民抵抗外来侵略的斗争。在后来写成的《神秘的陌生人》和《自传》中，他仍念念不忘饱受压迫的中国人民的正义斗争。应该说，马克·吐温是中国人民矢志不渝的朋友。

作为一名头脑清醒的批判现实主义作家，马克·吐温从稚嫩走向成熟。他晚年的作品，如1891年的《傻瓜威尔逊》、1906年的《人是怎么回事？》、1909年创作的长达近40年的《斯托姆菲尔德船长天国游记摘录》以及死后发表的《神秘的陌生人》等，都体现了他对现实的强烈批判。

晚年，被心绞痛和支气管炎折磨的马克·吐温必须到百慕大去疗养。马克·吐温和房东的女儿混熟了，他很宠着她，跟她说笑话。1909年，马克·吐温特意从百慕大赶回家和小女儿吉恩一起过圣诞节。令他没有想到的是，女儿吉恩因心脏功能衰竭在平安夜离开了这个世界。

这是马克·吐温最后一个圣诞节，也是最凄惨的一个圣诞节，在圣诞节的整个一天里，屋外暴风雪漫天飞舞，孤苦伶仃的老人怀着无限悲痛的心情，回忆着心爱的女儿吉恩，完成了他的一生中的最后一篇文章《吉恩之死》。

4个月后的1910年4月21日，一颗伟大的心脏停止了跳动，这一年，马克·吐温74岁。

在纽约的长老会教堂里，成千上万的人们排着长长的队伍，前来告别他的遗体。这位来自美国底层、从小熟悉普通人民生活的文学大师，用他那无限的深情勾起了人们的欢笑。在他的书里，笑声就像一股永不停息的溪流。他被人们称誉为"美国的伏尔泰"。英国著名作家肖伯纳把他视为美国两大天才作家之一，他开创的文风成为美国作家的典范，深刻影响了美国文化艺术的发展。

马克·吐温离开我们已经过100年了，然而，他那热情的幽默和辛辣的讽刺却从未像今天这样使全世界数百万人感到如此亲切珍贵。这位美国作家建造了幽默艺术的金字塔，以自己光采动人的欢乐洪流使人们感到喜悦。他的笑声将永远回荡在人间！

晚年的马克·吐温

大 事 年 表

1835 年	11 月 30 日,塞缪尔·朗赫恩·克里曼斯出生,他就是日后的大文豪马克·吐温。
1847 年	3 月,父亲约翰·克里曼斯因病去世。
1858 年	9 月,成为领航员,开始独立担任领航工作,直到 1861 美国内战爆发。
1862 年	在弗吉尼亚市开始了新闻记者的生涯,并使用笔名马克·吐温。
1865 年	4 月,发表成名作《卡拉维拉斯有名的跳蛙》。
1868 年	创作短篇小说《我给参议员当秘书的经历》。
1869 年	7 月,根据欧洲游记改编的《傻子国外旅行》在国内出版。12 月,与奥莉维亚·兰登结婚。
1873 年	出版《镀金时代》,在全国引起很大震动,头版迅速销售一空。
1880 年	创作童话式幽默讽刺小说《王子与贫儿》。
1883 年	完成了创作了 7 年的《哈克贝利·费恩历险记》。
1890 年	母亲离开了人世。
1896 年	24 岁的女儿苏西去世。
1904 年	妻子莉薇病逝。
1910 年	4 月 21 日,74 岁的马克·吐温因病去世。

海明威

厄恩斯特·海明威是美国著名的小说家。1954 年度的诺贝尔文学奖获得者。从小喜欢钓鱼、打猎、音乐和绘画，曾作为红十字会车队司机参加第一次世界大战，以后长期担任驻欧记者，曾以记者身份参加第二次世界大战和西班牙内战。晚年患多种疾病，精神十分抑郁，经多次医治无效，终用猎枪自杀。

他的早期长篇小说《太阳照常升起》《永别了，武器》成为表现美国"迷惘的一代"的主要代表作。晚期作品《老人与海》中的"硬汉"形象成为了海明威式的英雄的代表。虽然海明威已经去世多年了，但在人们的心中，他永远是英雄和勇气的化身，是强悍和智慧的象征。

参加"一战"

1899年7月21日,在美国伊利诺伊州的橡树园里诞生了一个男婴,这个男婴就是后来著名的大作家——厄恩斯特·海明威。当时,橡树园还是一个村子,它西边流淌着德斯普莱茵斯河,北面有大草原,东南紧贴着繁华的都市芝加哥。由于它行政上隶属州政府,当地报纸称它为"美国最大的村庄,最好的郊区"。

父亲爱德·海明威在镇上开业行医,业余时间爱好打猎和钓鱼。海明威小时候接受的教育除了识字就是如何摆弄猎枪和鱼钩。在家里,小海明威对各种画报和书本特别感兴趣,而且极善于发挥自己的想象力,上学后他非常喜欢写作文。海明威的母亲格蕾丝曾是一名歌剧演员,她试图把儿子培养成为音乐家,但海明威对音乐的兴趣不大,不过少年时期的大提琴和演唱课程给了他不少音乐知识。以英语为母语的读者会感觉到《永别了,武器》的优点之一便是具有音乐的某种特质。

海明威在橡树园的国立学校接受了正规的教育。虽然对运动情有独钟,但在足球、游泳和水球方面,他表现都很平庸。他的主要兴趣在写作方面,热衷于为周刊《秋千》撰稿。这些早期文章的写作风格是模仿流行作家林·拉德纳的,带点诙谐和幽默的味道。

1917年,海明威高中毕业后,来到了堪萨斯城。在报纸《堪萨斯星报》谋了个记者职位。《堪萨斯星报》要求记者的通讯简短、字词生动、通俗易懂和准确及时。

海明威的记者生涯为他提供了

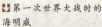
第一次世界大战时的海明威

大量小说素材,这些东西积淀下来便化为了生命体验,成
为海明威文学世界的重要构成部分。

就在第一次世界大战爆发 3 年后的 1917 年 4 月,美国
耐不住寂寞,放弃了中立态度,对德宣战。第二年 4 月,海
明威辞去记者工作,参加红十字会,充当战地救护车司机,
他如愿以偿地穿上了少尉军服。

海明威到欧洲的第一站是巴黎,
然后在 6 月初前往米兰接受任务。他
抵达的第一天便遇到了兵工厂爆炸。
他体会到了战争和打猎的不同,到处
是尸体和残肢。海明威和同伴们在震
撼中清理现场。对于梦想着战场光荣
的海明威来说,这个开始是惊心动魄
的,两天后他被派往斯奇欧,在那里正
式地驾驶起了救护车。

在一战中,海明威为了救护伤员
被机枪打伤,传说他中了 37 块弹片,
右膝盖骨被打碎,差点失去一条腿。
海明威说:"战争在一个作家心灵里留
下的创伤是很难愈合的。""只有在受
到重大创伤后,你才能真正开始严肃地写作。"

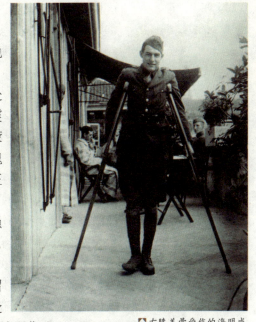

右膝盖骨受伤的海明威

这种创伤转化为生命体验,反映在他的文学作品中。
我们可以看到,他的绝大多数代表作是以战争为主题的;
他的死亡主题常常被置于战争背景和关于战争的噩梦回
忆中展现;年轻一代的主人公在战争中看到了生存的丑恶、
悲惨和无目的性,产生了"迷惘";年长一代的则激生了"重
压之下的优雅风度"。

海明威的左腿在战争中严重受伤,当在急救站取出了
28 块弹片之后,他被送回了红十字会医院。在那里,他爱
上了 26 岁的黑发美女库罗斯基,但遭到了拒绝。这个结果
使海明威一生都念念不忘。10 年以后,他将对库罗斯基的
感情全都倾泻在了《永别了,武器》的女主人公凯瑟琳·勃
克莱身上。生平第一次的恋爱发生在战场上,显得十分罗
曼蒂克,这一切对海明威来说都是难得的体验。

"迷惘的一代"

1919 年 1 月，海明威回到橡树园，但他已开始不习惯这种陈腐的气息。这时，一个偶然的机会，海明威去了加拿大多伦多，成了《多伦多星报》的自由撰稿人。

1920 年秋天，海明威来到了芝加哥。在朋友聚会上，他结识了伊丽莎白·海德莉·理查逊，并爱上了这个比自己年长 8 岁的女性。不久，两人便结了婚。

1921 年 12 月 22 日，海明威夫妇抵达巴黎。几周之后他们在雷蒙主教街找到一处寓所。这时，海明威还在为《多伦多星报》撰稿。

在这里，海明威结识了许多当时巴黎的作家和艺术家，并与他们建立起良好的友谊。他还找机会拜见了声名远播的画家米罗和毕加索。这些朋友在日后海明威成为文学大家的过程中都给予过他很大的帮助。

在最初两年的欧洲生活中，海明威为《多伦多星报》撰写了许多通讯稿，涉及范围十分广泛：从土耳其与希腊的战争，到意大利北部动荡不安的土诺瓦局势，以及洛桑和平会议，间或也采访了几个重要人物，如当时的法国总理克里蒙梭和后来臭名昭著的独裁者墨索里尼。

除此而外，海明威的大部分时间还花在了捕鱼、拳击、观看斗牛比赛上。这些经历在他后来的小说中反复出现，当然，还杂揉着酒、暴力、性、孤独和死亡。海明威让人们知道：人的经历是何等的重要，这是无价的财富，谁都无法轻视自己的经历。

在欧洲的这段日子里，海明威阅读了大量书籍，像屠格涅夫的《猎人笔记》、劳伦斯的《儿子与情人》、詹姆士·乔伊斯的《都柏林人》和《青年艺术家的肖像》，以及列夫·托尔斯泰、陀思妥耶夫斯基的作品。在旅游、采访和报道的空隙，海明威一直没忘记

⬆ 海明威和他的妻子伊丽莎白·海德莉·理查逊

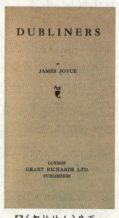

DUBLINERS

BY

JAMES JOYCE

LONDON
GRANT RICHARDS LTD.
PUBLISHERS

⬆《都柏林人》扉页

创作。他从不高谈阔论，而是埋头学习写诗、写小说，向作家斯坦因和庞德求教。

海明威还写了一些短小的故事和文章，朋友圈中已经有人表示将给他提供出版的机会。欧洲的文艺精英们经常会在格特鲁德·斯坦因的大房子里聚会，海明威的面孔也渐为大家所熟知。

1923 年 10 月，海明威的长子约翰·海德莉·尼卡诺·海明威出生了。因为照顾妻子分娩，海明威失去了《多伦多星报》的记者工作。海明威不得不靠专业写作维持生计，在孩子的哭闹声中闯出一条路来。

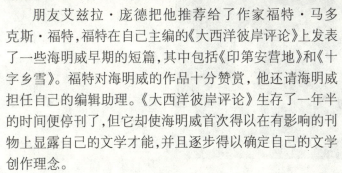

格特鲁德·斯坦因，美国女作家，是她亲手把海明威纳入其护翼之下。

朋友艾兹拉·庞德把他推荐给了作家福特·马多克斯·福特，福特在自己主编的《大西洋彼岸评论》上发表了一些海明威早期的短篇，其中包括《印第安营地》和《十字乡雪》。福特对海明威的作品十分赞赏，他还请海明威担任自己的编辑助理。《大西洋彼岸评论》生存了一年半的时间便停刊了，但它却使海明威首次得以在有影响的刊物上显露自己的文学才能，并且逐步得以确定自己的文学创作理念。

从 1925 年到 1929 年，海明威创作了几部 20 世纪最重要的小说，包括有 16 个短篇的小说集《在我们的时代》，里面收有《印第安营地》和《大河双心》。

《在我们的时代》的第一个版本已于 1924 年由博德出版，不过里面只有几个小故事，这本只有 32 页的小书虽只印刷了 170 册，但其中的小短篇如《印第安营地》已很好地示例了海明威的文学创作原理——冰山原理。省略一则故事中的许多具体情节往往会加强故事的感染力，海明威用冰山的例子来说明这一点，冰山的威力是由绝大多数隐藏在水下的部分提供的，仅需极少的部分显露在外面来显示力量。海明威早期那些短小、精悍的小故事大多遵从这种结构。

1925 年，《在我们的时代》重新出版，这时里面已有 16 个短篇小说。这次是真正的商业版本，印刷精美，内容也

《大西洋彼岸评论》杂志是海明威薪露头角之处。

大大增加,包括《士兵之家》《印第安营地》《我的老人》和他的经典短篇作品《大河双心》。

《在我们的时代》除了形式特殊外,小说内容上有一点值得注意,在小说中有9篇以尼克·亚当斯为主人公。这个连贯主人公带有海明威本人从童年到成年经历的印记。这9篇小说依时间可以如下排布:《印第安营地》《医生和医生太太》《拳击家》《了却一段情》《三天大风》《大河双心》(一、二部)《越野滑雪》和《俄亥俄州的温斯堡镇》。

1925年,海明威的讽刺小说《春潮》出版。这部被海明威的朋友,一位技巧高超、优雅细腻的作家弗兹格拉德誉为"美国人写的最好的讽刺小说"的作品通常没有人称赞,许多人甚至认为《春潮》只能证明海明威在讽刺文体上多么力不从心。

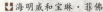

■海明威和宝琳·菲佛

1926年,《太阳照常升起》出版。这本小说获得了文学评论界的交口称赞,此外,在商业运作上也十分成功。小说描写了一战后流落巴黎的英美青年的生活,明显具有海明威个人经历的痕迹。

这本小说写的是美国记者巴恩斯自愿赴欧参战,却因受伤而失去了性爱能力,他虽与情人勃莱特相爱,两人却无法结合。为了解脱这种痛苦,巴恩斯和一群醉生梦死的年轻人来到西班牙看斗牛,试图从斗牛身上吸取硬汉子蔑视命运的力量,但仍然无济于事。战争不仅摧毁了他们对光荣的梦想和追求,而且摧毁了使人再生的爱情。问题在于个人的毁灭和牺牲,对于整个世界、整个宇宙来说,多么的无足轻重啊!无论你在还是消失,每天的"太阳照常升起"。小说表现出一种深切的失望和无奈的流露。

《太阳照常升起》被散文实验家格特鲁德·斯坦因称为是"迷惘的一代"的宣言。海明威不认为自己是"迷惘的一代",但事实是《太阳照常升起》风靡整个欧洲。

世界大文学家成功故事

与此同时，"迷惘的一代"旗帜下也聚集了一大批作家，他们都是一战后20年代崛起的新一代作家。这些人云集在充满自由思想和艺术氛围的巴黎，无视传统的道德观和美学观，在精神上和艺术上试图探索新的出路，他们的作品在当时对整个社会造成了极为重要的影响。

不到30岁的海明威现在已不是那个波西米亚式的无名艺术家，声名与金钱纷至沓来。

1927年，海明威与结发妻子海德莉分道扬镳。一个月后，海明威与另一名女性——宝琳·菲佛举行了婚礼。同年，他的短篇小说集《没有女人的男人》出版，并开始写作《永别了，武器》。

《永别了，武器》

1928年，他与第二任妻子宝琳回到美国，他们在佛罗里达的基威斯特找到了一处寓所。这里十分适合他居住和写作，那里除了相对僻静，还是可以充分满足他钓鱼的乐趣。在这个僻静的小岛上定居和生活很惬意。一年后，海明威在维特海街907号买了一所大房子。1928年6月，宝琳通过剖宫产，生下了海明威的第二个儿子。

就在这一年，父亲举枪自尽，海明威赶回橡树园料理父亲的后事，不久便又回到了基威斯特。这期间，他除了12月回橡树园料理父亲的后事，一直都在潜心写作《永别了，武器》。1929年元月，这部名作正式完稿，同年9月出版发行时好评如潮。

《永别了，武器》引起了公众的强烈共鸣，被认为是最优秀的战争小说之一。这部根据他在"一战"时的短暂经历扩展出来的长篇，讲述了一个年轻的救护车司机在战争中的花边逸事和真实爱情。这个表面浪漫的爱情故事背后却反映出海明威对生死这些严肃问题的复杂思考：

在第一次世界大战期间，美国青年亨利

《永别了，武器》作为一部小说最深刻的一点是把厌战情绪推向极致。它发表于大战结束10年后，对战争的认识，从战争中汲取的各种教训及其消化，此时都深刻成熟了。

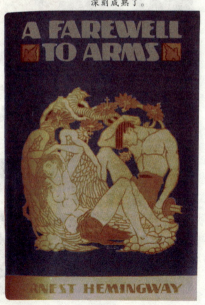

自愿参加了去意大利的救护队。在救护队中，他结识了英国护士凯瑟琳·勃克莱，两个互不相爱的人开始逢场作戏。在战场上，亨利腿部受伤后去米兰治疗，碰巧由凯瑟琳护理。在她的照料下，亨利恢复了健康。在照料期间，两个人产生了真正的爱情。

亨利伤愈后返回前线，正赶上意军溃退。因有外国口音，他被意大利保安部队误认为德国间谍。亨利伺机逃跑，找到了凯瑟琳，一起逃往瑞士。在那里，他们过了一段愉快的生活。

凯瑟琳分娩时难产，大人、婴儿一起死去。亨利悲伤万分，告别了"石像似的"凯瑟琳，独自"走回旅馆"。

《永别了，武器》海报

作品中的绝大部分情节海明威都亲身经历过。他到过作战前线，闻过硝烟的味道，见过阵亡的士兵；自己受过重伤，有擦过死神身边的体会和感觉，也住过战地医院，爱过一位护士。他把这一切统统写在亨利身上；他把宝琳的难产过程转加到凯瑟琳身上。为了充实某些画面，他在战后仔细阅读了有关意大利战时的报道，研究地图和专著。

在《永别了，武器》中，海明威将厌战的思想推向了极致，他以自己的亲身经历揭露了帝国主义的战争宣传。美国统治阶级在大战开始时，坐山观虎斗，同时向交战国双方提供武器，但他们眼看自己的利益受到侵犯时，便撕下了和平的假面具，声言要"拯救世界民主"，拣起"神圣"、"光荣"、"牺牲"等口号，诱骗美国青年到欧洲战场去充当炮灰。海明威对这种宣传极为反感，他通过主人公的内心独白说道："什么神圣、光荣、牺牲，这些空洞的字眼，我一听就害臊，我可没见到什么神圣的东西，光荣的东西也没什么光荣，至于牺牲，那就像芝加哥的屠宰场，不同的是肉拿来埋掉罢了。"

《永别了，武器》发行后引起了强烈的反响。大部分的批评家和评论界人士给予的是溢美之词，但也有人对此书进行讽刺与挖苦。

1929 年，美国爆发了 20 世纪最大的经济危机，这场危机一直持续到 30 年代中期。这个时期虽然对书籍的销售有很大的影响，但《永别了，武器》却仍然畅销。回报装满了海明威的口袋，所以，从他的富足的生活中丝毫也看不到经济大萧条的迹象。这段时期，他创作了以西班牙斗牛为主题的《午后之死》。

1933 年夏天，海明威夫妇前往非洲。在经历了惊心动魄的狩猎之行后，他写了几本书：《非洲青山》《乞力马扎罗的雪》和《弗朗西斯科·马克玛的短暂幸福》。后两本小说比较成功，主角都告别了海明威式的英雄形象。

"二战"中的记者

1937 年 3 月，北美报业联盟邀请海明威报道西班牙内战，他起身前往西班牙。与此同时，他还拍摄了纪录片《西班牙大地》，并亲自配音。两年后，《西班牙大地》在白宫放映，得到了罗斯福的称赞。

1940 年，海明威与宝琳离婚，随后与玛莎在怀俄明州结婚。婚后，他们买下古巴哈瓦那郊区的"望农场"，并当做他们永久的家。

《丧钟为谁而鸣》写于 1939 年，1940 年 7 月完稿。这部小说讲述的是：

写《丧钟为谁而鸣》时的海明威

世界大文学家成功故事

海明威

世界大文学家成功故事

海明威夫妇是 1941 年 2 月初离开美国飞往香港的。4 月初,他们又到了第七战区,跟着军队活动。图为海明威和国民党军人在一起。

英格丽·褒曼,在电影《丧钟为谁而鸣》里饰演玛丽亚

　　在西班牙战争中,美国一所大学的教师,罗伯特·乔丹自愿来西班牙参加了国际纵队,投身反法西斯的斗争。1937 年 5 月,领导派他切断敌军增援,炸毁一座大桥。乔丹来到瓜达拉马山区,发现游击队领导人巴勃罗已经蜕变成了一个好逸恶劳的人,他不支持炸桥。但他妻子比拉尔性格坚强,对革命事业忠心耿耿。乔丹知道只有依靠她才能完成任务。在游击队中,乔丹与被法西斯蹂躏的玛丽亚一见钟情,并准备战后回美国成家。他为游击队制作了炸桥方案,但炸药被巴勃罗偷走了,他只得用手榴弹代替。炸桥时,乔丹不幸受伤,自知不可能随游击队撤走。最后他劝玛丽亚撤离,自己独自靠在树边,手持机枪,等待着法西斯部队的冲锋……

　　《丧钟为谁而鸣》又一次获得大丰收。6 个月卖掉了 50 万册,它被认为是"过去 3 年中出版的唯一可以被传阅 50 年甚至可能是 100 年的美国读物……是大师级的经典之作"。

　　1940 年后的 10 年中,海明威没有完成和出版任何一部重要的作品,主要是作为一个公众瞩目的人物四处体验生活。因为他又被卷入了战争——第二次世界大战。

　　1941 年,海明威和玛莎到中国采访抗日战争,还与当时中国的权力人物蒋介石见了面。虽然古老中国的人文魅力使他着迷,但对于他不了解的地方,他没有冒然撰文

或编故事。他们先到香港,再到南阳、桂林、重庆、昆明,最后回缅甸。在重庆除了会见了国民党的党政要员,还在偶然间与周恩来进行了交谈。周恩来衣着起居简朴,以至他们根本意识不到是在与中国未来的主要领导者会面。

珍珠港事件爆发后,美国卷入了第二次世界大战。1944年6月6日,盟军在诺曼底登陆,海明威急赴欧洲大陆。他先是以一个战地记者的身份随派顿和巴顿属下的部队前进,后来成了法国士兵和第五步兵师的联络官。1944年8月,海明威和属下的非正规军进入巴黎。海明威时常喜欢说他是巴黎解放大军中最早进入巴黎的人之一。这个故事虽有夸张,但他确实带了一队人马率先解放了他所喜爱的酒吧和饭店。并把自己的小指挥部设在著名的里兹饭店中,把接下来的时间都花在庆祝胜利的狂欢上。

1944年春天,海明威决定前往欧洲。他的第一站是伦敦,在那里采写关于英国皇家空军的报道。然而一次车祸让他的头受了重伤,不得不打着石膏板,躺在医院的病床上。玛莎来看时对他冷嘲热讽,批评他总是纵酒狂欢,所以才会出这样的事。两人因此产生了矛盾,1944年6月,海明威的第三次婚姻终结了。1946年3月,海明威在哈瓦那举行了第四次婚礼,36岁的玛莉成了"望农场"新的主人。

1946年3月,海明威回到了美国。他计划写一篇关于战争的长篇小说,但不容易实现。他关于这场战争写的最长的作品是《过河入林》(于1950年发表)。这是他自1940年以来的第一部小说,讲述一个参加过两次世界大战的老兵在身心颓唐之际与一位19岁的意大利护士坠入爱河的故事。《过河入林》第一版便印了73000册,销路也不错。但批评界对《过河入林》是否定的,这部小说被认为是作者

🔷 海明威和玛莎·葛尔宏

在模仿他自己的风格。

《老人与海》

　　早在 1936 年，海明威曾写过一篇古巴渔夫的通讯：一个老人独自在加巴尼斯港口外的海上打鱼，他钓到一条大马林鱼，可那条鱼却把老人的船拖到了 60 多里远的海外，老人最后终于把这条鱼打死了。返航中，老人和他的鱼却遭到了鲨鱼的多次袭击，他独自与鲨鱼搏斗了两天两夜，回来时，他的大马林鱼已被鲨鱼吃掉了一半。当人们找到老人时，他正在船上哭。

　　10 多年过去了，海明威根据这一素材写出了中篇小说《老人与海》。小说写的是古巴一位叫桑提亚哥的老渔夫。他早年丧妻，无儿无女，一个人靠打鱼为生。他独自摇曳于大海上，无牵挂、无期待。除了跟他学打鱼的孩子，同社会没有任何联系。生活简陋的他只有一张床，一张饭桌，一把椅子和一块用木炭烧饭的地方。吃的是生鱼片，喝的

🐟《老人与海》中的插图

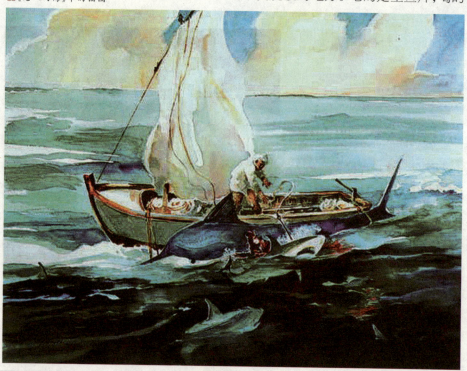

渔夫和半条马林鱼

是冷水，是一个很单纯的自然人。他一连84天没有捕到鱼，在第85天，他依然扬帆起航。他不服输，不相信以后自己没有好运气。果然，这次出海，他钓到了一条很大的马林鱼。这条鱼重1 500磅，鱼身比小船还长。但老人却遭到了一群又一群鲨鱼的袭击，最后鲨鱼吃光了马林鱼，老人的力气也耗完了，但他最终还是带回了一个巨大的鱼骨架。

海明威的文字在人们眼前似乎正展现出这样一幅精彩的画面：苍茫的大海，一艘孤零零的小船上坐着一个孤零零的老人，他正在狂风巨浪中像一位真正的斗士一样，与巨大的马林鱼、与凶悍的鲨鱼搏斗……

海明威以他独有的魅力净化了当时的文风，掀起了一场“文字革命”。正因为此，他被同时代及后来的许多作家奉为了典范，并吸引了一代又一代读者的目光，其春风化雨般的影响经久不衰。

1953年去再次去非洲狩猎的海明威

1952年9月，《老人与海》在《生活》杂志上刊登，使《生活》在两天之内卖掉了50万本。第二个星期，史快斯克利布纳父子出版公司发行了5万单行本，迅即告罄。《老人与海》使海明威又一次获得了双丰收——评论界的和商业上的。

这是自《丧钟为谁而鸣》后的12年来，海明威又一次得到数不尽的鲜花、赞美和金钱。1953年，《老人与海》获得了美国普利策文学奖。

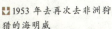

↑ 海明威在非洲狩猎时手和胳膊、头都被烧伤

1953年，海明威再次前往非洲狩猎。一年后，当他们前往刚果的途中，却经历了两次空难。杰佛里·米勒在海明威传记中写道："头骨破裂，两节脊椎骨摔伤，右臂和右肩错位，肝、右肾和胰脏受损，括约肌麻痹，脸、臂和头被火烧伤，视力和听力减弱……"这两次失事影响不小，捡回性命的海明威有幸活着看到报纸上刊登的关于他伤情的报道。

1954年10月28日，海明威获得当年度诺贝尔文学奖。由于伤痛，他无法出席颁奖典礼。从这年以后，海明威的健康状况开始影响他的生活和写作。

最后的时光

1960年，《生活》杂志分三期发表了这篇长文——《危险之夏》。这是海明威生前出版的最后一部作品。《危险之夏》并不是海明威的精品，西班牙的评论家对这篇报道很不满，美国批评家认为这篇报道冗长、啰嗦、笨拙，根本没有海明威昔日的凝练、简洁的风格。

除去在写作上的诸多麻烦和苦恼，海明威的身体状况也不停地走下坡路。由于他一生对酒的爱好，他的肝脏功能受了影响，还有糖尿

↑ 他的父亲死后，他要的唯一遗物：父亲自杀时的手枪。32年后，他自己步入后尘。

病和高血脂。在这一时期，海明威写了《流动的飨宴》，这本书在海明威死后才出版。他没有听到评论界对这本书内容丰富、风格优异的赞美之词。

1960 年 7 月，海明威告别了古巴，他和妻子迁往爱达荷州的凯彻姆的家里。爱达荷州美丽的风景无法挽救海明威的身心衰败。他多疑且易怒，并总是担心外界的伤害。秋天，他精神方面的反常已使玛莉无法应付，被送入梅约医院。这时，他已经完全无法写作了。

海明威生命的最后时光是在病痛折磨和精神恍惚中度过的。1961 年新年过后，新任的美国总统肯尼迪请他参加就职典礼，但他连辞谢信也无法写出来，1 月 20 日他获准出院回家。

当丧失了运动、美食、写作这些生活的乐趣后，在经历了痛苦的折磨之后，海明威终于选择了放弃。1961 年 7 月 2 日，海明威用一杆猎枪结束了自己的生命。这一天，距他 62 岁生日只有 19 天。

自杀令后人对海明威颇多非议，但即使如此，他的事业依旧没有画上句号。他留下了大量遗著，其中有一些陆续出版，《伊甸园》《流动的飨宴》令他在去世后声誉再起。这也恰巧应了《太阳照常升起》的寓意：一代过去，一代又来，太阳照常起落，大地却永远长存。海明威在人们的心中，永远是英雄和勇气的化身，是强悍和智慧的象征。

海明威是美国最伟大的作家之一，他的勇气，他的坚毅，以及他那独特的写作风格，都发挥了超越文学之外的影响力。在公众，尤其是女性读者中，海明威本人仿佛就是另一部荷马史诗般的神话。

大 事 年 表

1899 年	7 月 21 日,厄恩斯特·海明威出生在美国伊利诺伊州的橡树园里。
1917 年	高中毕业,在报纸《堪萨斯星报》任记者职位。
1918 年	辞去记者工作,一战中充当战地救护车司机。
1919 年	前往加拿大多伦多,成了《多伦多星报》的自由撰稿人。
1920 年	来到了芝加哥。与伊丽莎白·海德莉·理查逊结婚。
1926 年	《太阳照常升起》出版。
1927 年	离婚。第二次结婚。短篇小说集《没有女人的男人》出版。
1929 年	《永别了,武器》完稿,好评如潮。
1937 年	拍摄了纪录片《西班牙大地》,并亲自配音。
1940 年	第二次离婚。与玛莎在怀俄明州结婚。《丧钟为谁而鸣》完稿。
1944 年	盟军在诺曼底登陆,海明威急赴欧洲大陆进行采访。离婚。
1946 年	举行第四次婚礼。中篇小说《老人与海》完成。
1954 年	10 月 28 日,获得诺贝尔文学奖。
1960 年	完成生前最后一部作品《危险之夏》。
1961 年	7 月 2 日,海明威用一杆猎枪结束了自己的生命,享年 62 岁。